L'ÂNE ET L'ABEILLE

GILLES LAPOUGE

L'ÂNE ET L'ABEILLE

ALBIN MICHEL

Les animaux

J'ai quelques favoris. J'aime bien les chauves-souris. Les colibris aussi car ils sont gros comme des mouches. Les Brésiliens les appellent les *beija-flor*, ce qui veut dire « baise-fleur », et comment s'y prennent-ils pour emmagasiner dans ce corps de rien du tout un cœur, des circonvolutions intestinales, des poumons, une cervelle, peut-être un cervelet, des yeux et, dans cette cervelle, ils ménagent une petite place pour déposer des souvenirs, des mélancolies, des regrets, des recherches de temps perdu, des complexes, des bonheurs, et tout ça fait trois grammes. Saint Bonaventure, Alexandre de Halès, Albert le Grand et Thomas d'Aquin qu'on appelait le bœuf de Sicile se sont beaucoup démenés pour décliner les preuves de l'existence de Dieu. Ils ont perdu leur temps : un colibri eût fait l'affaire.

Les chauves-souris, j'ai dormi en leur société, quelques nuits, dans une cabane de pêcheurs brésiliens, près du Rio São Francisco en 1972. Nous avons eu des relations courtoises. Je craignais qu'elles ne me boudent, ou qu'elles ne me battent. On m'avait raconté que les chauves-souris brésiliennes sont méchantes. Elles vous percent la gorge et elles aspirent votre sang. Comme elles sont délicates, elles vous injectent des anesthésiques et cela vous permet de mourir en catimini.

Les chauves-souris de ma cabane n'étaient pas des vampires. Elles étaient rassasiées et conciliantes, pendues à leurs poutres, et elles m'observaient avec curiosité. Je voyais bien qu'elles avaient envie de voler mais ça ne marchait pas trop bien. Elles ne sont pas fortes pour le vol, même si c'est déjà un joli résultat, quand on est une souris, de décoller. À observer leurs efforts pour suivre des droites lignes, et comme elles ne produisaient que des zigzags, j'imaginais leur lassitude, leur découragement, et combien il est énervant d'être un oiseau quand on est un mammifère.

Elles ne résidaient pas dans le même espace que le mien. Le leur était enchevêtré, crevé, déchiré, replié, en loques et plein de strates invisibles, d'abîmes, de précipices, de toboggans, de pièges et de culs-de-sac inexistants. Un labyrinthe invisible. Elles tombaient dans des trous que je ne voyais pas. Un espace en ruines. L'air de notre cabane semblait calme mais, pour elles, il était tourmenté d'alizés et de tornades qui les abattaient brusquement. Elles escaladaient des à-pics qui n'existaient pas, glissaient dans des crevasses imaginaires, perdaient le souffle et reprenaient l'ascension de leurs montagnes transparentes. Elles se faufilaient tant bien que mal le long de venelles disparues depuis longtemps. Elles montaient des escaliers que nul ne connaissait, côtoyaient des néants.

Elles ne volaient pas. Elles tâtonnaient. Elles ressemblaient à des chiffons qui tombent. Elles se cognaient à des parois qui les assommaient et elles ne se fâchaient pas même. J'admirais leur sang-froid, leur ténacité. Comme Sisyphe, elles assumaient leur destin. Elles recommençaient. Elles se heurtaient à des riens, et elles poursuivaient leurs pèlerinages d'oiseaux ivres. Ensuite, quand elles avaient enfin gravi leurs Himalaya, elles se pendaient aux poutres du plafond, repliaient leurs ailes de poussière et elles me regardaient et elles me faisaient comme des clins d'œil.

*

J'aime aussi les abeilles et les ânes. Si je les associe, c'est que je les ai trouvés ensemble, dans un poème, en l'année 1933 peut-être, au lycée d'Oran, le lycée Lamoricière, du côté de la mer, en classe de septième, et on voyait flotter les feuilles de palmiers dans les vitres de la classe. Notre professeur s'appelait monsieur Loye. Il était gros, et il nous avait donné à apprendre par cœur ce quatrain dans lequel Francis Jammes a mis des abeilles et un âne. Cette récitation nous avait bien plu. L'association dans une même strophe de ces deux êtres incompatibles nous intriguait et le poème était facile à retenir. Il était si beau que nous aurions pu l'écrire nous-mêmes :

J'aime l'âne si doux
Marchant le long des houx.

Il prend garde aux abeilles
Et bouge les oreilles.

Dix ans après ce poème, quand j'ai fait ma classe de philosophie à Digne, j'ai retrouvé l'attelage formé par les ânes et les abeilles. Monsieur Ohanna était juif. Le Maréchal Pétain l'a chassé. Nous aimions monsieur Ohanna. Avant de partir, il a eu le temps de nous apprendre que, deux mille ans avant Francis Jammes, un autre penseur s'était déjà attaqué au problème de l'âne et de l'abeille, Platon, qui avait d'ailleurs donné la préférence à l'abeille, mais, depuis ce temps-là, le chantier n'a pas beaucoup évolué. C'est une jachère. Qui se soucie aujourd'hui des connivences entre l'âne et l'abeille ? La distraction des hommes et des philosophes sur ce sujet est incompréhensible. Elle me choque légèrement. C'est pourquoi, en mémoire de monsieur Ohanna qui n'avait pas eu le temps de pousser plus loin le parallèle entre l'âne et l'abeille, je m'étais promis de reprendre un jour la question et d'esquisser une histoire croisée de ces deux êtres que tout sépare, sauf le poème de Francis Jammes et les analyses de Platon, à la manière dont Jacques Bainville a raconté les histoires parallèles et désaccordées de la France et de l'Allemagne (*Histoire de deux peuples, la France et l'Empire allemand*).

*

Je n'ai jamais possédé âne ni abeille mais on ne possède pas communément l'objet de sa passion. C'est pourquoi les grandes amours sont émouvantes. Même si l'on tient une fille dans ses bras, et toute nue, on la cherche et on ne la trouve pas. Aussi, on la caresse tout le temps. Et comme la fille ne vous trouve pas non plus, elle vous caresse à son tour, et l'acte d'amour s'accomplit. Voilà pourquoi le coït est un vertige. Il assure la conjonction de deux corps absents. Hölderlin n'a jamais mis les pieds en Grèce. Les sages de l'Himalaya disent qu'on ne désire jamais que le vide. Plusieurs mystiques chrétiens, surtout les apophatiques, partagent cet avis. Même si Dieu dit : « Je suis celui qui suis », ou bien : « Je suis celui qui est », ou encore : « Je suis celui qui sera », ou : « Je suis celui qui serais », ou : « Je suis qui sera », ils pensent que

Dieu « est celui qui n'est pas » et ils le déplorent à peine. Les plus apophatiques s'en réjouissent. Ils disent que cette inexistence est la seule preuve de l'existence de Dieu, car enfin, comment pourrait-on ne pas exister si l'on n'existait pas ?

*

Les abeilles, je les ai un peu fréquentées. Dans les années 1930, nous passions nos étés dans une maison de grand-père, près du village de Champtercier, non loin de Digne. Autour de cette maison, il y avait une propriété avec des peupliers, beaucoup de ciels, des sources, du vent, des noisettes et des ruches. Un de nos oncles prenait soin des abeilles. J'enviais ses témérités. Il se harnachait. Il enfilait un masque terrible terminé par un groin de cochon pour se protéger des piqûres. Cet oncle était banal mais quand il allait aux abeilles, il se mettait à ressembler au dieu Toth, en Égypte, aux médecins du choléra du Moyen Âge et à ces masques à gaz que les généraux avaient fait porter aux poilus après la bataille d'Ypres, et il y avait tellement de monuments aux morts dans tous les villages où nous passions, et tellement de pères ou d'oncles dans les argiles de ces années-là, que j'avais pris en grippe la guerre et ce masque à abeilles. Je préférais ramasser des boutons d'or dans la prairie qui dévalait au revers de la source.

Mon commerce avec les ânes a été plus intense. J'en ai croisé beaucoup, très tôt, à commencer par ces minuscules qui paissaient, travaillaient et souffraient en Algérie et au Sahara. Ils avaient une croix de Saint-André de couleur noire sur le garrot. Ce saint André n'est pas un personnage banal. Comme il était le frère de saint Pierre, il faisait partie du « premier cercle ». On le surnommait le « premier appelé ». Après la Pentecôte, il quitte la Palestine. Il porte la Parole aux populations du Danube. Sous le règne de Néron, en 60, les Romains l'attrapent et le crucifient sur une croix en forme de X, à Patras, et comment se fait-il que les ânes aient le privilège extraordinaire et probablement divin d'en posséder l'image sur le garrot, depuis deux mille ans ? Ils auraient pu en tirer orgueil et morgue mais non ! Les ânes sont trop intelligents, trop tristes pour se satisfaire de vanités. Hegel, quand on lui montre le mont Blanc ou le Matherhorn, dit : « Les Alpes sont là. » Les ânes sont comme Hegel, ils pensent : « Mon garrot porte une croix de Saint-André. »

Pendant les vacances, j'allais souvent à Seyne-les-Alpes, non loin de Digne, car cette ville a réussi deux choses : Vauban y a construit une citadelle qui verrouille la vallée de la Blanche et elle organise au mois d'août, depuis l'été 1923, alors que je me disposais à naître non loin de là, à Digne, un concours mulassier, le dernier en France. J'aurais préféré un concours d'ânes mais, chaque année ou presque, le 15 août, je cours à

Seyne car le mulet joue un rôle dans l'existence aventureuse de l'âne.

Plus tard, j'ai renoué avec les ânes durant un voyage de quatre mois, au Brésil, en l'année 1972. Je m'étais mis en tête de parcourir le Nordeste, le Sertão (grand désert) tout seul et en autocar. Chaque matin, je prenais un *ônibus* ; je roulais toute la journée en compagnie de forestiers, de bouviers, de curés, de grands-mères et de cochons. Il faisait chaud. Nous transpirions tous ensemble. J'avais acheté une casquette de joueur américain de base-ball, rouge et bleu. Le soir, nous faisions étape dans de gros villages calcinés jusqu'à l'os, blancs, tragiques, et qui ressemblaient aux rayons d'une ruche morte. En ce temps-là, les tracteurs Ferguson et les motocyclettes n'avaient pas encore envahi le Sertão. Les ânes, qui sont aujourd'hui presque tous partis, ou enterrés, étaient nombreux encore.

Dans ces villages je ne connaissais personne. Je me sentais bien seul. Pas une main amie. J'allais voir les ânes qui vaquaient dans les ruelles car j'ai horreur de la solitude. Les ânes sont comme moi. On dit qu'ils peuvent mourir de solitude. Moi aussi. Nous étions bien contents de nous empêcher de mourir les uns les autres. Ils m'aimaient tout de suite. Ils me sentaient les mains. Ils me respiraient. Je caressais leurs oreilles et le dedans de leurs oreilles parce qu'elles sont fourrées comme des douillettes et comme des oreilles de lapin. À la nuit, il fallait bien que je les quitte pour aller dormir dans un de ces dortoirs où reposent des colporteurs, des bûcherons, des vicaires et des vachers. Je n'aimais pas me séparer des ânes. Ils me regardaient partir et leurs yeux étaient avec de l'or.

*

Je relisais de temps en temps le poème de Francis Jammes. Je lui faisais confiance. Le poète avait probablement déposé dans le fond d'un de ses vers la réponse à l'énigme que lui-même il pose. Est-ce que la philosophie de l'âne et celle de l'abeille sont incompatibles ? Telle est la question. Quel est-il, le chaînon manquant qui permettait à Jammes d'apparier, malgré les apparences et les leçons de l'histoire, l'abeille à l'âne ? Je ne trouvais pas grand-chose. Francis Jammes, une fois établi que les ânes secouent leurs oreilles pour échapper aux morsures des abeilles, bifurque. Il nous met l'eau à la bouche et il oublie l'abeille. Il revient à son âne :

Et il porte les pauvres
Et des sacs remplis d'orge,
(…)

Il réfléchit toujours,
Ses yeux sont en velours.

Et il reste à l'étable,
Fatigué, misérable,

Ayant bien fatigué
Ses pauvres petits pieds.

Il a fait son devoir
Du matin jusqu'au soir.

Mais l'âne s'est blessé,
La mouche l'a piqué.
(…)

Il a tant travaillé
Que ça vous fait pitié.
(…)

Il a sucé sa corde,
Puis a dormi à l'ombre.

Il existe plusieurs états de ce poème. Dans une variante splendide, Jammes dit :

Dis-moi donc ma chérie,
Si je pleure ou je ris.

Va trouver le vieil âne,
Et dis-lui que mon âme

Est sur les grands chemins,
Comme lui le matin.

Demande-lui, chérie,
Si je pleure ou je ris.

Je doute qu'il réponde :
Il marchera dans l'ombre,

Crevé par la douceur,
Sur le chemin en fleurs.

*

Je poursuivais mes études de zoologie comparée. Les différences, je les voyais clairement. L'âne et l'abeille occupent deux résidences éloignées. S'ils habitent l'un et l'autre de préférence à la campagne, ils ne se confondent pas. Ils n'ont pas les mêmes couleurs ni des tailles comparables. Les unes volent et les autres marchent. L'un a de « pauvres petits pieds », des « sabots fatigués », et l'autre des ailes de verre, c'est même pour cette raison qu'elle fait partie des hyménoptères. L'une produit des merveilles et l'autre des crottins. L'une est choyée des hommes quand l'autre est vilipendé. L'abeille est au ciel et l'âne est un Aliboron. L'une est une vierge et l'autre est un Priape.

*

Ce qui me plaît, dans l'âne, c'est qu'il possède deux vertus contraires, une docilité infinie et une volonté de fer. C'est la marque d'une nature à mystère. Il est tout ensemble espiègle, intelligent, très intelligent, tricheur, loyal, tendre et dévoué, méfiant, orgueilleux, héroïque, capricieux, méprisant et modeste. Intraitable et résigné à la fois. Il est gris et désinvolte. Autant le cheval est snob, autant l'âne est simple. Ce n'est pas lui qui irait se dandiner le dimanche sur des champs de courses, avec des jockeys bariolés et des chapeaux de dames infinis. À Verdun, au chemin des Dames, il a été tué par milliers. Il fut le compagnon de toutes les civilisations et leur ouvrier, il a construit les pyramides et Notre-Dame de Paris, des forteresses, des lieux de prière et des ports. Il a semé du blé, cherché de l'eau au fond de la terre. Il se laisse tirer la queue par les pimbêches de la comtesse de Ségur.

C'est un ange. Il a un caractère de cochon. En ruant dans les brancards, il a permis aux juifs d'entrer dans la Terre promise, malgré les entourloupettes du devin Balaam, sauvant ainsi la « feuille de route » qui avait été attribuée à l'Éternel, et s'il n'était pas intervenu, ce jour-là, contre Balaam, comment Dieu s'en serait-il sorti ? En Espagne, il a servi de monture aux sorcières nues que la reine Isabelle jetait au feu et pendant la Grande Révolution, il a sauvé Beaumarchais de la guillotine.

L'abeille est au contraire. Autant l'âne est fantaisiste, rétif à l'embrigadement, émotif, amical et poussiéreux, amoureux, inventif et lyrique, autant l'abeille est communautaire, sociale, hygiénique, froide, inapte à l'irrégularité, rationnelle. Ses colonies et ses ruches préfigurent les sociétés glaciales, techniciennes, sans ferveur ni déchirements, barbares en somme, modernes en somme, desquelles nous sommes les proies.

*

Ainsi doit-on reconnaître que l'âne et l'abeille occupent deux positions philosophiques non seulement lointaines mais incompatibles. Ils n'ont pas la même Weltanschauung du tout. L'âne est tenté par l'anarchie. Une anarchie douce, moelleuse, espiègle. Ce n'est pas un révolté, oh non ! Il compose avec le mal (la servitude, les coups, la fatigue et le non-sens) et fait mine d'obéir à ses maîtres quand en vérité il n'en fait qu'à sa tête d'âne. C'est un indigné et c'est un révolté mais sa révolte est solitaire. Il déteste toutes les idéologies. Il n'a jamais eu l'envie d'adhérer aux programmes des révolutionnaires. Même la réforme, il la dédaigne. Les choses sont ce qu'elles sont, voilà sa religion. Nul n'est plus que lui étranger à la prédication marxiste. Il s'est toujours abstenu de participer à la lutte des classes car il se sait vaincu à l'avance. Il est de race inférieure, de toute éternité. En plus, il n'aime pas la théorie. Il est trop subtil pour adhérer à un système, à une doctrine, ou pour s'enrôler dans un parti politique ou religieux. Les médailles, les galons, les titres et les hommages, les premiers prix et les décorations, il s'en passe. Il est à la fois rêveur, par la science qu'il déploie pour s'évader de nos horizons, et réaliste, par sa résignation à l'horizon qui borne son regard.

L'abeille, dans le champ philosophique, occupe une maison située aux antipodes de celle de l'âne : c'est une doctrinaire acharnée et une idéologue, une organisatrice, un entrepreneur. Elle n'est pas marxiste cependant. La guerre des classes, elle en déteste l'hypothèse et elle s'en passe car elle a mis au point d'ingénieux systèmes chargés de bannir à jamais les luttes ouvrières de ses cités. Ni libertaire comme l'âne, ni marxiste comme Karl Marx, et communiste cependant, communiste carabinée même, elle occupe une place de choix dans la catégorie des utopistes, les utopistes durs et philosophiques, genre Thomas More ou Platon.

*

J'ai entrepris malgré tout de mettre au jour les connivences qui rapprochent les deux animaux chéris de
Francis Jammes. J'en ai relevé quelques-unes. L'âne et
l'abeille sont depuis six mille ans mêlés à la vie des
hommes. Ils ont accompagné notre périple et modelé
nos civilisations. Ils ont participé à l'histoire et ils l'ont
coloriée, détournée ou embellie. Ils sont plongés dans
notre Histoire jusqu'au cou et pourtant, ils sont l'un et
l'autre sans histoire. Hors de l'histoire. Le temps glisse
sur eux sans laisser de traces. L'âne des Mérovingiens et
celui des Andes ont même malice, même douceur et
même courage, et les abeilles sont les mêmes, elles aussi.
Robert Delort, qui a publié un beau livre pour établir
que « les animaux ont une histoire », reconnaît, après
enquête, que l'abeille, même si elle est passée de l'état
sauvage au domestique, de la solitude à la communauté,
est un animal sans histoire.

« Bref, dit Delort, contrairement à la domestication
des volailles, des mammifères ou des vers à soie, devenus
incapables de vivre sans l'aide des hommes, et les soins
assidus de l'homme, aucune race nouvelle (d'abeille) n'a
vraiment été créée. On s'est contenté d'exploiter au
mieux les possibilités existantes en vue de l'usage que
l'homme désirait en tirer. »

*

Aujourd'hui, l'histoire fait retour sur les abeilles et sur les ânes à la fois, et voilà un autre point commun. Aux uns et aux autres, la modernité procure des désagréments. Elle les affaiblit ou les transforme. Leur condition et leur statut ont été ébranlés et remis en cause par le progrès technique. Il y a quarante ans, l'âne était liquidé par les tracteurs et les automobiles, et s'il revient aujourd'hui au petit trot, c'est sous de nouveaux atours. Il se raréfie et en même temps il s'élève dans l'échelle sociale pour la première fois, au point de changer de métier. Au lieu d'être l'esclave du monde, son prolétaire, son remords et son péché, il en est devenu un ornement ou un gardien. Il amuse les enfants. Il débroussaille les forêts.

L'abeille souffre elle aussi. Elle qui exalta si longtemps la beauté des fleurs et multiplia la richesse de la terre, voici qu'elle est atteinte de langueur et elle se meurt. En Amérique, sa raréfaction ruine l'économie si bien que les autorités forment des commandos d'abeilles butineuses que des convois promènent de plantation en plantation afin de féconder les fleurs, les amandiers, les champs, les forêts et que la terre brille encore.

*

L'âne et l'abeille ont un autre point commun. Ils pratiquent l'un et l'autre une sexualité aventureuse. Visible et même spectaculaire en ce qui concerne les baudets.

Masquée, hypocrite et enthousiaste pour les abeilles. Dieu sait pourtant si leurs équipements érotiques sont dissemblables. Le membre de l'âne est somptueux et inlassable. Les abeilles n'ont pas d'ovaires. L'âne est exhibitionniste, obscène et répétitif, quand l'abeille est chaste, propre, intacte et tellement vierge qu'elle est citée en exemple aux jeunes filles et pourtant, l'insecte magnifique et le petit équidé triste, l'un aussi bien que l'autre, violent la loi fondamentale que Dieu et les dieux ont fulminée au début des choses : « Tu n'aimeras que les personnes appartenant à la même espèce que toi. »

Voilà pourquoi tous les animaux marchent droit. Tous, sauf quelques déviants. Au premier rang de ces déviants, les deux personnages de Francis Jammes, l'âne et l'abeille. Le premier fait l'amour avec la jument ou le cheval, qui ne sont pas de son espèce. Il arrive même à obtenir, de ces apparentements contre nature, des fruits (mules et mulets, bardots et peut-être bardotes). L'abeille est plus audacieuse encore. Elle ne se contente pas d'aimer des êtres d'une espèce différente, comme le font les ânes. Elle aime les végétaux. La brève vie printanière de cette vierge est une délicieuse journée de noces et une jouissance à mourir. Elle féconde des vivants qui n'appartiennent même pas au même règne qu'elle : non des animaux mais des plantes – les fleurs et les arbres. Tout au long de l'été, elle célèbre les épousailles de l'animal et du végétal et c'est comme un prodige. Pire encore : contrairement aux ordonnances des dieux, ces amours scandaleuses entre l'animal et le végétal, loin d'être stériles, sont fécondes et multiplient la splendeur des choses.

*

L'abeille transmet et embellit la vie sur la terre. Elle peint le monde. Elle le fait étinceler, le féconde, lui permet de nourrir les hommes. Elle a la charge non seulement de faire du miel, de faire luire les prairies, mais encore de féconder les plantes qui nourrissent les hommes. C'est une ambitieuse entreprise. Elle a quelques assistants. Le vent et même l'eau fécondent les fleurs eux aussi. Dans le règne animal, les coléoptères sont de bons pollinisateurs ainsi que les colibris et les chauves-souris que je retrouve à ce point.

Les fleurs n'aiment pas au hasard. Elles ont des goûts, des dilections, des stratégies, des maquillages. Elles s'arrangent pour attirer leurs fécondateurs préférés. Les fleurs brillantes plaisent aux abeilles. Le vent, lui, s'en fiche. Il pollinise en passant, au hasard. Le colibri est séduit par les grandes fleurs. La chauve-souris aime les fleurs robustes avec de vastes inflorescences. Elle ne s'intéresse pas du tout à ces corolles clinquantes, étincelantes et bariolées qui fascinent les abeilles. Elle cherche des fleurs mélancoliques, un peu ternes, blanches ou verdâtres, fleurs nocturnes de préférence, et fleurs-fantômes, telles ces «belles de nuit», ces «fleurs de lune», que les Chinois appellent «les fleurs qui durent peu de temps», les grandes fleurs exténuées qui s'épanouissent dans les ombres et qui meurent au prochain matin.

Rien ne vaut cependant l'abeille pour transmettre la vie aux plantes et pour que le monde continue. Tel est le statut de l'insecte sublime : il offense la loi des dieux mais c'est pour embellir leur ouvrage.

L'âne et l'abeille entrent en scène

Ils n'entrent pas sur la scène au même moment.
L'abeille arrive bien avant l'âne. Au début, la terre ne
porte pas de fleurs si bien que l'abeille n'a rien à faire.
Elle est derrière le rideau, encore. Elle patiente jusqu'à
la fin du jurassique. C'est à ce moment-là, il y a 150 millions d'années, que les premières fleurs s'épanouissent.
L'abeille laisse passer un peu de temps et puis elle se
présente. L'université de l'Oregon a repéré une abeille
âgée de 100 millions d'années, prisonnière d'un frag-
ment d'ambre fossilisé et porteuse de pollen.
Les fleurs, même primitives, sont un délice. L'abeille
se régale et elle s'enivre. Ces milliers de parfums et ces
belles couleurs l'exaltent. Elle se gorge de nectars. Elle
transporte le pollen de l'étamine, qui est l'organe mâle,
jusqu'au stigmate qui est femelle, et cela fait d'autres
fleurs. Elle ne travaille pas. Elle aime mieux être
contente. Elle vit comme on jouit. Le bonheur, la volupté
et la beauté, voilà son affaire. Tombée par hasard sur

cette planète, elle est en compagnie des dinosaures qui vont mourir bientôt. Un jour viendront les mammouths, les souris, les chevaux, les ânes, les papillons, les chênes et les tilleuls, les poissons et les serpents. Un autre jour, il y aura des hommes. Mais, pour l'heure, la terre appartient aux mastodontes, aux insectes, aux pierres et aux fleurs. L'abeille est heureuse, elle se pâme.

Le monde est une beauté. Il y a des vents. Il y a des ciels comme des soleils et des ciels comme des nuits, des brumes et des lunes. Sur les plages, la mer vient et s'en va, fait du bruit. La terre sent la terre, la neige ou le sable, la verdure et le charbon, le feu, l'herbe. Les continents sont à la dérive. Ils se cognent. Les hivers et les étés se succèdent comme des songes. C'est cela, le Paradis terrestre. Pas de péché, pas d'obligations et pas de sanctions.

L'abeille ne se fait pas d'illusions. Elle sait bien que cet âge d'or ne va pas durer. Un jour ou l'autre, le temps va se mettre en marche. Un jour ou l'autre, le Paradis sera fini et les choses grises commenceront. En attendant ce moment fatidique, elle profite mais elle reste sur ses gardes. Si elle aime bien les autres abeilles, elle n'a aucune envie de s'associer avec elles. Pressent-elle que le Jardin des délices fermera ses portes le jour où les individus se grouperont ? Chez les premières abeilles, on ne trouve pas d'agglomérations, pas de ruches, pas de casernes, pas de villes et pas de chefs. L'abeille fait son nid dans des troncs d'arbre, à la diable, comme persistent à le faire, aujourd'hui encore, des abeilles rescapées de Cro-Magnon ou de Neandertal que l'on rencontre dans les forêts primaires. C'est une rusée et une solitaire. Elle est sauvage comme l'air.

Un jour, certaines abeilles choisissent un autre programme. L'hyménoptère est-il lassé déjà, et la solitude lui pèse-t-elle ? Est-ce qu'il s'ennuie ? Il s'aperçoit que rien n'est plus monotone qu'un millénaire. Les journées sont longues comme des siècles. Rien n'arrive jamais ou bien des anecdotes, un orage, un tremblement de terre, une inondation, un changement de climat, un continent à la dérive. L'abeille en a assez. Elle veut plonger dans l'inconnu pour trouver du nouveau. Elle fait une révolution. On verra bien ce que ça donne. Elle se rapproche de ses congénères et elle forme des communautés. Cet événement se produit il y a vingt millions d'années, disent les sages, bien avant que les hommes arpentent les forêts. On a retrouvé dans des formations d'ambre de cette époque six fossiles d'abeilles groupés, six cadavres appartenant au genre du reste disparu Electrapis Apoïdea Manning.

Ce jour indiscernable est une grande date dans l'histoire des hyménoptères, de la terre et des hommes, même si ces derniers ne sont pas encore au monde. Les abeilles, en s'associant les unes avec les autres, sacrifient leur indépendance, leur insouciance, leur goût du plaisir et leur passion de l'inutile. Elles ouvrent la porte à de grandes inventions, exaltantes ou regrettables, c'est selon : le travail, l'organisation, la productivité, la loi et la civilisation. Elle se donne les outils pour devenir l'instituteur des sociétés humaines.

On ne sait rien sur ce bouleversement. Qui était-elle, l'abeille qui a eu l'initiative de mettre ses forces en commun avec les forces de ses voisines ? Doit-on la voir comme un génie, une paresseuse, une nuisible, une révolutionnaire ou une philosophe ? Le sûr est que cette pionnière tire le verrou sur les vertes prairies du Paradis terrestre. Dès lors, deux voies s'offrent à elle : la première est celle que les hommes emprunteront après qu'ils auront été chassés à leur tour du Paradis terrestre : s'opposer aux autres hommes, les frapper et les battre, faire des champs Catalauniques et des Austerlitz, nager dans le fleuve bouillonnant du temps, construire et défaire des empires, trembler devant la mort, fabriquer des républiques et des tyrannies, en somme s'exposer aux traquenards du temps, choisir la liberté c'est-à-dire la tragédie.

L'abeille n'est pas intéressée par de tels joyaux. Elle n'a pas la tête épique. Elle ne se laisse pas séduire par les délices de la liberté et du temps qui passe. Pour échapper à la mort et à la mélancolie, elle accepte d'être esclave d'elle-même et de la Constitution qu'elle impose à ses sociétés. Elle accomplit un tour de passe-

passe subtil. Elle met au point un modèle très ingénieux qui la protège des maléfices et des ruses du temps.

Sur la colonie d'abeilles, sur les ruches, le temps glisse sans laisser de traces. Les soleils et les lunes peuvent bien se succéder, rien ne change dans les journées de l'abeille. Tous les printemps sont identiques et tous les automnes sont les mêmes. Il n'advient ni surprise, ni rupture et ni événement. L'individu est remplacé par le groupe et même par l'espèce. Le temps se noie dans l'éternité. La mort est vaincue. La tragédie est bannie.

La colonie ou la ruche est un minuscule appareil grâce auquel les journées, loin de s'ajouter aux journées, comme elles le font chez Héraclite, chez les hommes et chez les ânes, loin de s'empiler pour composer des années, des millénaires et des ères, se dissolvent les unes dans les autres. L'abeille est une créature « parméni-dienne ». Édifier une société sans archives, sans avenir et sans projet, telle est la voie royale que retient l'hymé-noptère quand il échange son statut d'animal solitaire contre celui d'animal communautaire.

Il est intéressant de constater que cette sortie du Para-dis terrestre, cet acte de liberté qui aboutit à la servitude de la ruche, l'abeille l'accomplit sans le secours des hommes ni de Dieu. Elle n'a besoin de personne. Elle invente et elle s'invente. Elle se crée. Bien avant que l'homme ne débarque, l'abeille prend son destin en main, fait un coup d'État, rectifie le programme qui lui avait été assigné par la Providence. C'est un acte de liberté mais cet acte est déconcertant car il aboutit à son contraire : il va organiser la servitude sans fin. L'abeille manifeste sa liberté par sa décision de se regrouper avec les autres abeilles, mais, par la même décision, elle incarcère cette liberté en soumettant ses travaux et ses jours à la loi de fer des mathématiques. La ruche réalise l'absurde programme utopique imaginé par Chigalev et que Dostoïevski expose dans *Les Possédés* : « Partant de la liberté illimitée, reconnaît piteusement Chigalev, j'aboutis au despotisme sans limites. »

L'insecte social ouvre un chemin. Plus tard, les hommes tenteront d'emprunter à leur tour le même chemin, le jour où ils seront eux-mêmes chassés de l'Éden, maudits par Dieu et condamnés à se grouper en sociétés. Dans cette entreprise, cependant, les hommes ne montreront pas le même brio que les hyménoptères, pas la même rigueur ni le même héroïsme. Certes, à la suite de l'abeille, ils inventeront le travail à la chaîne, la Sécurité sociale, l'organisation, la géométrie, la cité, l'industrie, la rationalité, l'ordre, la science, la productivité, la politique, l'esclavage, mais ils ne pousseront pas leurs projets à terme, ou plutôt ils ne sauront jamais forger un univers de servitude aussi parfait, aussi abstrait, aussi invulnérable, que la ruche.

Comment comprendre que l'homme, malgré son désir d'inventer une société automatique arrachée à ces fléaux que sont le mal, le temps, l'injustice, l'inégalité et la mort, a échoué où l'abeille a réussi et a fini par jeter à la poubelle tous ses projets de « cité de cristal » ? C'est encore à Dostoïevski qu'on demande assistance. Dans *Mémoires écrits dans un souterrain*, il propose que, si l'homme n'a pas créé de sociétés parfaites, de sociétés gardées du mal, du temps et de la mort, ce n'est pas qu'il n'en était pas capable. C'est qu'au fond de lui, il ne le voulait pas car il ne peut pas, contrairement à l'abeille, se passer de souffrance, de liberté et de chaos.

« L'homme sera déterminé par son intérêt bien compris ? interroge Dostoïevski. Mais ne voyez-vous pas qu'alors, le voici automate ? Mais l'homme est libre, sacrebleu, libre, vous entendez. Tout au long de l'histoire, il n'a cessé de mêler à toute chose, à tout événement, ce fantastique élément de sa propre perdition. Ses fantastiques rêveries, sa plus ignoble sottise, c'est cela qu'il a voulu sauvegarder, uniquement pour se prouver une fois de plus que les hommes sont encore des hommes et non des touches de *piano forte*, et si on lui prouve cependant, si on lui démontre mathématiquement, qu'il est une touche de *piano forte*, il inventera de nouveaux chaos, destructions et chaos, et il inventera de nouvelles souffrances. »

*

Bartleby, l'employé de bureau imaginé par Herman Melville, quand son patron lui donne un ordre, ne proteste pas. Il ne pousse pas de cris. Il ne lève pas les yeux au ciel. Il ne fait pas la révolution. Il dit : « *I would prefer not to.* » Cette phrase a donné beaucoup de fil à retordre aux traducteurs français de Melville. Les uns écrivent : « J'aimerais mieux pas. » D'autres disent plutôt : « Je préférerais ne pas. » Un jour, on m'a demandé de choisir entre ces deux formules. J'ai fait l'âne. J'ai dit : « *I would prefer not to.* »

*

Au commencement, l'âne n'est pas au monde. Il y a bien un ancêtre de cheval qui court depuis cinquante millions d'années à peu près, sous le nom d'Hémione, puis d'Hipparion, qui est d'abord gros comme un lapin pour ensuite doubler et tripler de taille tout en développant un doigt médian qui deviendra le sabot, mais pour l'heure, l'âne est invisible. On ne le repérera qu'au pléistocène, voilà un million d'années. Les hommes sont déjà là, à ce moment-là, mais ils n'ont pas l'idée de le domestiquer.

L'âne jouit donc d'un sursis. Il se dit qu'un million d'années de liberté, c'est bon à prendre. Il est sans entrave, sans licol, sans bât, sans mors et sans coups de bâton. À la différence de l'abeille qui s'est elle-même jetée dans la gueule du loup et a organisé sa propre servitude, l'âne se méfie. Discret, petit, gris et modeste, il se veut inaperçu. Il ne fait rien pour attirer l'attention. Il tient trop à sa liberté. Malheureusement, comme il est vigoureux et pratique, résistant et résigné, malin et aimable, les hommes finissent par l'aviser. Ils le mettent dans les brancards. Cet événement a lieu au Moyen-Orient, soit à Sumer car l'âne est nécessaire à l'agriculture que les hommes ont le projet d'inventer, soit en Égypte car il faut penser à construire des pyramides et à rendre jolie, par le lait des ânesses, la peau de Cléopâtre, qui compte sept cents ânesses dans ses écuries, celle de Poppée, la deuxième femme de Néron, qui se masse le visage sept cents fois par jour avec du lait d'ânesse et celle de Pauline Bonaparte.

Il y a six mille ans à peu près, l'homme entre donc dans une nouvelle maison, il inaugure l'histoire et il enrôle l'*equus asinus* dans son entreprise. L'âne pousse quelques braiments mais il se laisse embarquer. Il ne proteste pas. Il préfère la diplomatie à la guerre. Il est objecteur de conscience. Il n'a aucune envie de se mêler à l'Histoire mais comme il mesure sa faiblesse et qu'il n'aime pas les discussions, il consent que l'homme le harnache, le charge de sacs et de sable. Il fait mine d'être « historique » mais il n'en pense pas moins. Il trotte sur les routes que les paysans ouvrent dans la campagne. Il fait même semblant, en quelques occasions, de jouer un rôle dans la société, puisque les hommes le lui demandent, mais cela n'arrive pas communément. Il fait le « service minimum ».

S'il accepte de participer aux guerres que se font les tribus et les nations, il ne va pas en profiter pour jouer les premiers rôles, pour caracoler devant des tambours et des bannières. Il sert de préférence dans le corps des sapeurs, dans les liaisons, dans le train des équipages et les cuisines. Il se spécialise dans le subalterne. On lui fait porter des colis, des paquets, des charges, des fagots, des sacs de sable et des paysans. Il s'en accommode. Il y a cinquante ans, en Europe, porter des paquets était le signe d'une condition sociale inférieure.

La tactique de l'âne, pour échapper aux désagréments de l'histoire, est au rebours de celle de l'abeille : l'abeille invente la ruche et la société automatique. L'âne est plus subtil. Il feint de participer à cette histoire que les hommes lui imposent et qu'il méprise : il tire des carrioles pour donner le change. Il se dédouble. Il délègue une effigie de lui-même sur les marchés, dans les champs ou près des norias, mais il s'en échappe en secret. Il suffit de regarder sa figure et l'on comprend que l'âne est un rêveur définitif. C'est dans des prairies que les hommes ne voient pas même, dans des horizons indicibles et sous d'autres soleils que les nôtres qu'il gambade.

Un lapin devenu grand

Jules Renard a consacré un livre aux animaux. Comme c'est un écrivain excellent, sensible comme tout, triste, et dont on vante le naturel, je me suis dit qu'il devait réserver une page à l'âne. J'ai trouvé cette page. Elle est décevante. Elle se termine par cette trouvaille : « L'âne, un lapin devenu grand. »

Je ne me suis pas découragé car j'ai beaucoup d'admiration pour Jules Renard. Un peu plus tard, ma lecture continuée a débouché sur cette « pointe » : « Le papillon, ce billet doux plié en deux cherche une adresse de fleur. »

Dans les ruelles de Mademoiselle de Scudéry et de Madame de Sablé, au commencement du Grand Siècle, une cheminée était « le siège de Vulcain » et le cul, « le rusé inférieur ». Pour un empire, on n'eût prononcé le mot « chandelle ». On parlait du « supplément du soleil ». Si une dame souhaitait que son laquais approchât un fauteuil, elle intimait : « Vite, voiturez-moi ici les commodités de la conversation.» À une demoiselle dont les cheveux n'avaient point été dérangés par le vent, on disait : «L'invisible n'a point gâté l'économie de votre tête.» Les pieds étaient «les chers souffrants» et le miroir «le conseiller des grâces». Si on avait besoin d'un peigne, on disait : «Apportez-moi un dédale que je délabyrinthe mes cheveux.»

Comment naissent les abeilles

Quand il faut faire un ânon, les ânes s'y prennent toujours de la même manière. Une ânesse fait savoir qu'elle a envie d'un âne. Elle saute et elle gambade. Elle roucoule. L'âne réfléchit, et puis il se rapproche et il aime. Ensuite, un ânon vient au monde. Ces procédures sont réglementées une fois pour toutes et ne changeront jamais. L'âne n'est pas avide de *nouvelletés*. Du progrès technique, de l'évolution des mœurs, il ne veut rien retenir. Puisqu'il a trouvé, au commencement des choses, une manière amusante de perpétuer l'espèce, il s'y tient et tant pis si passent les empires, il se fiche des empires. Du néolithique aux temps modernes, de la Namibie au jardin des Tuileries, il applique les mêmes recettes. Depuis quelques millénaires, pourtant, il ajoute parfois à ces cérémonies sexuelles quelques figures libres, et il remplace l'ânesse par une jument.

Les abeilles sont différentes. Perfectionnistes, elles ne dorment pas sur leurs lauriers. Elles veulent toujours mieux faire. Elles s'adaptent. Elles changent de cérémonies sexuelles à mesure du temps. Les abeilles de Childéric, de Napoléon ou de Max Frisch ne procréent pas comme celles de Virgile. Les manières de naître bougent au long des siècles, ou plutôt, non, ces manières ne bougent jamais. Ce qui bouge, ce sont les idées que les hommes se forment sur la naissance des abeilles. Depuis deux mille ans, les savants et les hommes se racontent un long roman, absurde et brillant, toujours renouvelé, sur la gestation des abeilles. Le protocole de leur naissance, s'il ne varie jamais en réalité, est en revanche bien différent selon qu'il est décrit par Virgile, par Aménophis ou par les savants de la Renaissance ou de l'âge des Lumières.

*

Au commencement, les abeilles sortaient des entrailles de la terre. Un peu plus tard, le roi de la ruche (car longtemps, au regard de la science, le chef de la ruche est un mâle alors qu'aujourd'hui c'est une reine) donnait vie aux nouvelles abeilles en butinant les fleurs. En Égypte, la petite abeille naissait des larmes de la déesse Ré. Aristote reconnaît que la façon dont les abeilles s'y prennent lui échappe. Il se contente de rapporter une croyance commune : elles trouveraient leurs petits dans les fleurs et les ramèneraient dans leurs cellules.

Les Grecs et les Latins ont conduit, dans leurs mythologies, des enquêtes très minutieuses sur la naissance des abeilles. Virgile raconte, et raconte si joliment que sa thèse fera longtemps autorité.

Aristée est le fils de Cyrène et d'Apollon. Il vit en Sicile, en Macédoine, en Béotie, un peu partout. Il pratique les arts de l'agriculture. Il fabrique des fromages et taille les oliviers. Les dryades, qui sont les nymphes des arbres, surtout des chênes, lui enseignent la science de l'apiculture, et Aristée, du coup, accède au grade de demi-dieu. Dans les apanages de l'Olympe, il est en charge des abeilles. Un jour, il aperçoit la dryade Eurydice qui est fiancée avec Orphée. Comme il la trouve belle, il a envie de la violer. Eurydice n'en a pas envie. Elle se sauve en courant mais un serpent la pique et elle meurt. Furieuses, les autres dryades ôtent à Aristée toutes ses abeilles. Aristée va se plaindre à sa mère. Celle-ci lui conseille de célébrer un sacrifice afin de calmer l'irritation des dieux. Aristée égorge quatre taureaux et quatre génisses vierges. Trois jours plus tard, il revient et s'aperçoit qu'un essaim d'abeilles bourdonne dans les entrailles putrides des bœufs et des génisses. Il prend cet essaim et le rapporte dans son rucher. De ce jour, les abeilles ne connaîtront plus jamais la maladie.

Cet épisode, qui explique la naissance des abeilles ou peut-être leur incessante résurrection, porte le nom, chez les Grecs, de *bougonas* (naissance à partir du bœuf) et nous parlons de *bougonie*. Il y a quelques années, Gilles Tétart a commenté avec brio le thème de la *bougonie*. Son livre est remarquable. Il a été préfacé par Françoise Héritier et publié en 2004 aux éditions Odile Jacob sous un très beau titre : *Le Sang des fleurs. Une anthropologie de l'abeille et du miel.*

Une telle fable est une aubaine pour les anthropologues. La *bougonie* sera exploitée jusqu'à la dernière goutte. Les savants en extraient de fructueuses leçons. Il faut convenir que les dieux grecs sont aimables aux chercheurs structuralistes. Ils leur mâchent la besogne. Avec le concours des poètes de la Grèce et de Rome, ils leur ont livré en préfabriqué une leçon inaugurale du Collège de France, pour la chaire de philosophie ou bien des sciences de l'homme, avec des pièces et des morceaux qu'il suffit d'ajointer en suivant le mode d'emploi, comme on monte un meuble en un clin d'œil, quand on rentre à la maison, au retour d'Ikea, avec les enfants. Dans le fond de la boîte, on trouve même les croquis, les clous, les vis et les marteaux qui permettent de faire tenir tout ça ensemble.

Rien ne manque dans la bougonie, ni les contrastes, ni les métaphores et les métonymies, ni les similitudes et les différences, par exemple entre le végétal et l'animal, le sauvage et le domestique, le propre et le sale, la maladie et la santé, le bien et le mal, l'hygiénique et le souillé, ni les disjonctions et les complicités entre le monde des

hommes et celui des dieux, entre la virginité et la copulation, le pur et l'obscène, entre l'immortalité et l'instant,
ni le transit de la pourriture à la purification, de sorte
que nous extrayons sans le moindre effort, du charnier
de Virgile, toutes ces catégories contraires et apparen-
tées, incompatibles et semblables, desquelles la vieille
recherche universitaire fut si friande. En fouillant bien,
on doit même repérer, dans les parties ombreuses de ce
mythe, un peu de miel et un peu de cendres, du cru et
du cuit, quelques catachrèses, du hasard et de la nécessité.

*

Bien avant Virgile, et dans un autre pays, Samson
avait déjà flairé un mystère et fourni quelques clefs
d'anthropologie structurale. Un jour, il tue un lion.
Quelque temps plus tard, il repasse dans le coin et va
jeter un coup d'œil sur le cadavre. Il découvre une car-
casse de lion dans laquelle un essaim d'abeilles niche
et fait son miel. Il dit : « De celui qui mange est sorti ce
qui se mange. Du fort est sorti le doux. »

*

Cette abeille, qui plus tard deviendra l'emblème de la
virginité, Virgile nous apprend donc que sa naissance

procède de la corruption. Plus fort encore : elle qui naît de la mort d'un taureau et d'une génisse va produire le miel qui est nourriture d'immortalité. Elle dont la pureté sera citée en modèle à toutes les jeunes filles à venir naît d'une souillure absolue, d'un charnier. L'avantage, c'est que la création de l'abeille par la putréfaction et par la mort épargne aux jeunes filles les incommodités du rapport sexuel. L'abeille, ourdie par génération spontanée, n'a pas besoin de luxure pour donner la vie. Virgile est sensible à cette économie. C'est pourquoi, à ses yeux, l'abeille, qui fait au surplus la navette entre la terre et le ciel, est un être divin.

*

Virgile parle bellement des abeilles : « Dans la forêt, les derniers jours de l'été, quand le soleil commence à infléchir sa course, il fait bon s'étendre sous un tilleul et s'y endormir au bruit des abeilles. C'est la musique la plus douce qui se puisse entendre, une musique qui te transportera au royaume des dieux au milieu des parfums les plus agréables de la nature. »

« Toutes se reposent de leurs travaux en même temps. Le matin, elles se ruent hors des portes ; aucune ne reste en arrière ; puis, quand le soir les invite à quitter les plantes où elles butinent, elles regagnent leurs logis, elles réparent leurs forces. Puis, quand elles ont pris place dans leur chambre, le silence se fait pour toute la nuit. »

Virgile dit encore : « Ces mœurs ont fait penser que les abeilles participent de l'âme divine, qui anime tous les êtres. On a dit que les abeilles avaient une parcelle de la divine intelligence et des émanations éthérées. »

*

Au Moyen Âge, nous apprend l'album de Michel Pastoureau, *Les Bestiaires du Moyen Âge*, l'abeille persiste à naître de la pourriture et de la corruption. Certaines gloses la voient comme un oiseau car elle vole, elle chante et elle brille. La plupart des savants la rangent parmi les vers. Dans ce compartiment de la zoologie, elle partage le sort des sangsues, des chenilles, des papillons, des lynx et des cantharides, bref de tous les animaux – généralement des insectes – qui naissent sans sacrifier aux rites de la sexualité. L'étrange est que le lynx soit rangé dans la même rubrique que la sangsue ou le ver luisant. Certains de ces « vers » évitent le passage par la case pourriture. C'est le cas de la sauterelle, qui naît du vent du sud, alors que le vent du nord la fait mourir. L'abeille, en revanche, continue de naître de la charogne.

Le *Bestiaire Ashmole* confirme la version de Virgile. Il nous explique comment procéder si l'on a besoin d'abeilles. Voici la recette : « Certaines personnes, qui connaissent bien les abeilles, prétendent qu'elles naissent des charognes de bovins et qu'elles sont engendrées de la façon suivante : on malaxe les chairs d'un bœuf ou d'un veau mort et quand son sang est bien fermenté, il en naît des vers qui plus tard deviendront des abeilles. » Le *Bestiaire Ashmole* ajoute quelques détails que Virgile ne connaissait pas : le mot *abeille* désigne seulement le ver né de la décomposition du veau ou du bœuf. Le *frelon*, quant à lui, est le ver issu à partir du cheval selon le même procédé ; tout comme le *bourdon* est la bête issue du mulet et la *guêpe*, la bête issue de l'âne.

Je retiens ces précisions. Elles nous rappellent que chaque pourriture a son programme. Toutes les charognes n'engendrent pas des petites abeilles. Chacune a sa spécialité. L'auteur anonyme du *Bestiaire Ashmole* allonge ainsi la brève liste des penseurs qui ont médité sur les itinéraires croisés de l'hyménoptère et de l'âne. Sa leçon rejoint celles d'Aristote et de Francis Jammes, les complète. Et elle ajoute aux gloses de Virgile une nuance jusqu'ici inaperçue : si elle confirme que la putréfaction produit des hyménoptères, elle précise que l'âne mort ne sait faire que des guêpes, pas des abeilles. Pour les abeilles, la légende d'Aristée est reconduite telle quelle : il faut égorger un veau, un bœuf ou une génisse vierge.

*

De temps à autre, d'autres manières de naître sont expérimentées par les abeilles. Cet insecte est une « tête chercheuse ». Il veut toujours améliorer ses performances. Dans son *De re rustica*, l'agronome Columelle, qui vit au temps de Tibère, soumet quelques modes de naissance au « banc d'essai », en particulier ceux qu'avait décrits un peu plus tôt le grammairien Hygin. Ce Columelle a la dent dure. Il n'aime pas Hygin. Il conteste que Jupiter ait métamorphosé en abeille la nymphe Mélissa, dont le nom signifie pourtant « celle qui fait le miel » et qui est connue pour sa beauté extrême.

Columelle se moque aussi de la légende colportée par Évhémère, vieux poète macédonien du temps de Cassandre. Il est vrai que la fable d'Évhémère est rocambolesque, encore que celle de Virgile sur la bougonie ne soit pas tellement raisonnable. Selon Évhémère, donc, les abeilles sont les filles des frelons et du soleil et elles sont élevées dans une grotte grecque par des nymphes nommées Phryxonides. Ces abeilles-là furent les nourrices de Jupiter. Plus tard, ce dernier, ému par tant de dévouement, récompensa ces aimables bêtes en leur donnant pour aliment le miel dont elles avaient soutenu son enfance.

*

Le Christ fera aussi naître des abeilles. Mon ami Pierre Dubois, qui sait tout sur les lutins, les fées, Peter

Pan, les peintures de fleurs et les pirates, est également familier des abeilles et des ânes, au point qu'il serait légitime de l'enrôler dans la troupe des rares penseurs qui réfléchissent sur les différences et les similitudes entre ces deux animaux, au côté de Francis Jammes, d'Ashmole et d'Aristote. Il nous apprend que les abeilles sont nées des larmes de Jésus sur la croix. Aussitôt devenues abeilles, ces larmes demandent au Christ quelle sera leur mission après qu'il sera mort. Jésus leur demande de faire du miel pour adoucir la vie misérable des hommes. Depuis, elles font du miel.

*

La Renaissance est une période agitée et fructueuse pour les abeilles. En 1586, l'Espagnol Luis Mendez de Torres annonce que le roi des abeilles est une reine. Il récuse le mythe de la bougonie et enseigne que la reine pond des œufs capables de produire trois genres d'abeilles : les reines, les faux bourdons et les ouvrières. Bientôt, Théodore-Auger Cluyt, de Leyde, confirme les observations de Torres, après qu'il a vérifié la présence des ovaires et de l'ovocyte dans le corps de la reine.

Le voile se lève. La naissance par la putréfaction est périmée. Elle est remplacée par l'action de la reine. Celle-ci est la mère de tout ce qui réside dans la ruche, ouvrières, future reine et faux bourdons. Les rôles sont clairement définis : parmi toutes les abeilles femelles, la reine, et elle seule, fait l'amour, ce qui permet aux ouvrières de conserver leur virginité.

Reste à dire comment on devient reine. La réponse fait penser à Simone de Beauvoir. On ne naît pas reine. On le devient. Ce sont les sujets, les abeilles ouvrières, qui choisissent, quand elles n'ont plus de reine, leur nouvelle reine. Elles cherchent une larve. Cette larve doit avoir moins de trois jours, car elle ne doit pas avoir été alimentée par le mélange de miel et de pollen que l'on distribue à leur naissance aux larves. La future reine doit être nourrie exclusivement par de la gelée royale. C'est la nourriture qui vous fait reine. En même temps, la cellule dans laquelle se trouve l'élue est agrandie et aménagée. Toutes ces opérations sont réglées scientifiquement, selon un agenda immuable : la reine sortira 16 jours après la ponte, alors que l'ouvrière a besoin de 21 jours et le faux bourdon, le mâle, 24 jours – du moins pour ce qui est de l'apis mellifera, la variété d'abeilles sociales et productrices de miel que nous connaissons en Europe.

Les ouvrières prennent leur mission au sérieux. Comme elles craignent qu'un incident de parcours ne compromette la santé de la reine qu'elles ont élue, elles en choisissent plusieurs. Celle qui sortira la première sera la reine. Encore faut-il que celle-ci se débarrasse tout de suite de ses sœurs rivales, faute de quoi c'est elle qui y passera. Donc, elle assassine ses sœurs. Elle a le choix entre deux modes d'assassinat : soit elle constate que sa sœur dort encore et elle la poignarde dans son sommeil. Soit elle a musardé. Elle a laissé passer l'heure et sa sœur est déjà sortie de sa cellule. Dans ce cas-là, elle livre un combat à mort.

*

Une illustration de ces « guerres de succession d'abeilles » nous est fournie aujourd'hui par le Brésil. Il y a soixante ans, un apiculteur brésilien a importé des abeilles africaines, de Namibie. Quelques-unes de celles-ci se sont sauvées et sont parties à l'aventure dans la campagne. Des petites bandes d'abeilles africaines se sont introduites dans les ruches des abeilles européennes, des apis mellifera, qui étaient arrivées au Brésil avec les Portugais au début du XVIᵉ siècle. Les Africaines, une fois installées dans la ruche européenne, se sont tout de suite mises à leur commerce ordinaire. Leurs reines faisaient des petites abeilles mais la reine namibienne n'a pas la même horloge que la reine européenne. Elle naît un jour plus tôt que celle de l'Europe. Dès lors, ce fut un jeu d'enfants pour les Africaines de prendre le pouvoir dans la ruche. La reine africaine nouvellement née avait une journée entière pour perpétrer l'assassinat de la jeune reine européenne quand celle-ci sortirait de ses limbes.

Que ce soit dans les ruches brésiliennes du XXᵉ siècle ou dans les ruches européennes, la désignation de la reine obéit toujours aux mêmes rituels. C'est celui du meurtre. Dans le palais ensommeillé, la reine des abeilles assassine paisiblement ou férocement ses sœurs assoupies. Elle prend rang dans le long cortège des reines tueuses qui hante nos mémoires. Elle accompagne Hécube et les enfants qu'elle a saignés, lady Macbeth après qu'elle a fait tuer le roi Duncan, Salomé porteuse du cou coupé de Jean-Baptiste, ou cette Médée qui dépèce son frère sur la route de la Toison d'or, sans oublier Clytemnestre, l'amoureuse tueuse d'Agamemnon, Messaline et Agrippine, et les souveraines mérovingiennes qui, de Frédégonde à Brunehaut, recevaient le pouvoir dans leurs mains ensanglantées.

On voit que l'abeille a bien mérité ce nom d'*animal politique* que refuse de lui donner Aristote mais que Platon, plus tolérant, lui attribue. Cet animal d'essence divine, cette figure de la virginité, de la douceur et de la musique, cette maîtresse des fleurs et cette productrice du miel impollué, porte à la perfection la « technique du coup d'État ». La reine du peuple angélique, du peuple divin, n'accède au trône et à la vie, tout simplement, qu'à la condition d'avoir au préalable assassiné ses sœurs.

Voici quelques beaux thèmes anthropologiques, psychanalytiques, policiers et politiques qui grouillent dans l'insecte incomparable et qui s'ajoutent aux leçons que distribue le mythe de la bougonie. Militante de la chasteté, l'abeille naît de la pourriture. Célébrée pour sa beauté, sa discipline, sa moralité, ses musiques harmonieuses et les douceurs paradisiaques de son miel, elle fonde son règne sur l'assassinat. C'est son arme préférée : quand elle est petite, elle tue ses rivales éventuelles, ses sœurs, à leur naissance. La reine, quand elle est grande, se fait féconder par les faux bourdons et elle les assassine.

*

Une fois la jeune abeille née, ça roule. La ruche connaît des jours tranquilles. Chacun vaque à ses besognes. La reine règne. Les ouvrières travaillent avec enthousiasme. Les faux bourdons attendent leur tour. Pour l'heure, la reine est encore vierge mais ça ne va pas durer. Elle va accomplir le vol nuptial et s'accoupler avec les mâles, les faux bourdons. Elle en connaîtra une douzaine. La cérémonie s'accomplit en plein ciel, ce qui lui donne du lustre, mais n'est pas sans danger. Les oiseaux et les tempêtes peuvent malmener la reine, la tuer, ce qui entraîne des effets déplorables dans la ruche. Durant le vol nuptial, en effet, la ponte dans la ruche est interrompue, si bien que les ouvrières ne peuvent pas former d'autres reines, et si l'épousée ne revient pas au bercail, la ruche meurt, la ruche est morte.

Après cette rencontre sexuelle spectaculaire, la reine ne sortira plus de la ruche que pour essaimer le cas échéant. Mais ses brèves copulations célestes sont fertiles. La reine fera des tas de petites abeilles, généralement des femelles, en puisant quelques spermatozoïdes dans sa gigantesque réserve de sperme, dans sa spermothèque. De temps à autre elle préférera créer plutôt des mâles, des faux bourdons. Il lui suffit de se passer de spermatozoïdes et le tour est joué.

La merveille est que cette copulation unique, il est vrai en plein ciel, et tragique, produit des effets merveilleux, innombrables et durables. Une reine demeure féconde pendant trois ans à peu près. Et elle pond sans trêve : trois mille œufs par jour. De leur côté, les ouvrières font leur métier ou plutôt leurs métiers, car leurs affectations changent de temps en temps. Elles peuvent, selon les nécessités et le règlement incréé de la ruche, veiller à la propreté des bâtiments, à l'hygiène, au service des pompes funèbres.

Au contraire de la reine, les ouvrières ne connaissent pas l'amour. Elles s'en passent très bien et même, elles militent pour la chasteté. Le faux bourdon, lui, n'a pas tiré un bon numéro. Ceux qui ont eu le privilège de faire l'amour à la reine ne vont pas fort et ils meurent souvent car leur dard est resté coincé dans l'énorme abdomen de la reine. Les autres faux bourdons, ceux qui survivent après ce rendez-vous dramatique, mènent une vie de retraité. Le temps est long. Ils tournent dans la ruche à la recherche d'une occupation, un peu comme les hommes âgés traînent leurs pantoufles dans l'appartement à l'irritation de leurs épouses qui les traitent de bons à rien. Le temps passe comme il peut. Les faux bourdons aimeraient se rendre utiles et faire de petits boulots mais comme ils ne savent rien faire, à l'approche de l'hiver les abeilles les expulsent volontiers de la ruche.

*

La *bougonie* des anciennes sagesses n'a pas résisté au choc de la modernité, de la science et du microscope. Pourtant, si nous savons aujourd'hui que ce mythe est un tissu de fausses nouvelles, il faut reconnaître que, sur l'essentiel, la *bougonie* ne se trompe pas quand elle place le destin et le génie des abeilles sous le double signe de la mort et de la virginité. En enseignant que les abeilles naissent de la putréfaction, ne préfigurait-elle pas les découvertes de la science puisque nous savons aujourd'hui que la reine n'est sacrée reine que par l'accomplissement d'un meurtre ? Quant à la virginité qui faisait tellement plaisir à Virgile et aux dames chastes du XIXe siècle, la voici avérée. Les ouvrières sont inaptes à la fécondation. Et si la reine transgresse l'interdit, c'est une seule fois dans sa vie, et

tragiquement, après quoi elle se consacre à la fabrication ininterrompue de jeunes abeilles. Au contraire, les
faux bourdons pratiquent la copulation, le jour du vol
nuptial, mais ça ne leur réussit pas tellement. Ils
meurent. Leur destin triste confirme ce que pressen-
taient Tristan et Yseult : chez les humains comme chez
les faux bourdons, l'acte sexuel est une « belle histoire
d'amour et de mort ».

Burro que fugiu

Au Brésil, si vous interrogez sur la couleur d'un ciel, sur les yeux d'une jeune fille, il arrive qu'on vous réponde : « *Ela e cor de burro que fugiu.* » La traduction littérale est : « Cette fille a des yeux couleur d'un âne qui a fichu le camp. »

Les grammairiens brésiliens disputent sur cette expression. Son origine est trouble et son sens incertain. Les Brésiliens l'emploient pour signifier une couleur mystérieuse, ou une couleur indéfinissable, ou une couleur disparue et invisible, une ombre de couleur. Qu'est-ce que la couleur d'un âne ? Pas grand-chose. Puisque l'âne est un insignifiant, sa couleur est plus insignifiante encore. L'âne est un rien. Un âne, quand il est en pleine forme, n'a déjà pas beaucoup de couleurs. Mais s'il s'enfuit, et surtout s'il s'est enfui, alors, quelle couleur ?

*

Un jour, Démosthène plaidait à Athènes et tentait de sauver la tête d'un homme accusé de meurtre. Il est éloquent, mais les juges sont distraits. Ils bavardent, ils chuchotent. Démosthène s'énerve. Il descend de sa tribune et s'approche des juges. Il leur raconte une histoire : un Athénien loue un âne et se met en chemin avec le propriétaire de cet âne. À midi, la chaleur est étouffante. L'Athénien arrête l'âne, dépose son bât et se couche sous le ventre de l'animal pour jouir d'un peu de fraîcheur. Le propriétaire de l'âne proteste. L'autre se défend : « Mais je t'ai loué ton âne. » L'ânier répond : « Je t'ai loué l'âne, pas son ombre. »

La fable de Démosthène est jolie (Rabelais la reprendra sous une autre forme, un homme payant son pain avec le tintement de la monnaie et non avec la monnaie). Elle séduit les juges mais Démosthène les gronde : « Messieurs les juges, je défends un homme qui risque sa tête et vous ne m'écoutez pas. Mais quand je vous parle de l'ombre d'un âne, vous ouvrez vos oreilles… ! »

*

Au début du XXe siècle, les Ottomans qui occupaient le Liban réquisitionnaient les ânes des paysans pour transporter chaque année le produit des impôts de Beyrouth à Tripoli. Une ânesse nommée Bentael fut chargée de sacs d'or et prit la route du Mont-Liban, avec son petit ânon qu'elle allaitait encore. Passant non loin de la maison de son maître, la bête reconnaît le chemin de son étable. Elle prend ce chemin, soit qu'elle regrette son maître ou qu'elle veuille assurer le vivre et le couvert à son ânon. Elle quitte la caravane et se présente dans son ancienne ferme. Le maître l'aperçoit, est ému, pleure, l'embrasse. Il s'aperçoit qu'elle est chargée de sacs d'or. Il creuse une fosse, enfouit les pièces d'or. Ensuite, il creuse un deuxième trou, plus grand que le premier, égorge son ânesse et la jette dans la fosse car il a peur que les autorités ottomanes ne découvrent le trésor. Cette histoire est rapportée par Joseph Matar.

*

Voici une blague marseillaise : « Tu sais à quoi on reconnaît une ânesse en chaleur ? Non ? Alors, tu es plus con qu'un âne. »

*

Le peintre libanais Joseph Matar aime les ânes. Le Liban aussi. Matar se rappelle que, dans son enfance, chaque foyer avait son âne. Une région du Liban s'appelle « al-Debeh » qui veut dire « région de l'ânesse ». On dit que l'alphabet serait né dans cette « région de l'ânesse ».

Joseph Matar a lu le décret pris par le pouvoir exécutif libanais, le 3 juin 1936. Le chargement maximum de l'âne est de 90 kilos. Celui du cheval, 125 kilos. Une voiture tirée par un âne et dont les roues sont en pneus gonflables n'a pas le droit de transporter plus de six personnes. Le fouet est strictement interdit, à moins qu'il ne soit fait de fibres de chanvre. Sont rigoureusement interdits les fouets en cuir et les aiguillons.

L'ânier doit respecter certaines règles. Il marchera à pied et à gauche de l'animal. Il se doit de donner à manger et à boire toutes les douze heures, au minimum. Tout manquement à cette obligation sera puni par la justice. La contravention sera rédigée en deux exemplaires, un pour le tribunal et l'autre pour les archives.

La ruche de cristal

Pindare naît en 518 avant Jésus-Christ et en Béotie. Nous sommes en août. C'est la saison des abeilles. Quelques-unes saluent l'arrivée du poète. Elles se posent sur sa bouche, bourdonnent, lui caressent les lèvres de leurs ailes si douces et puis s'en vont. Une autre fois, Pindare échoue à un concours de poésie et devient le Prince des poètes. Voltaire trouve que ce prince est boursouflé. Rabelais dit qu'il est ridicule. René Char s'en réclame.

Pindare aussi est content de sa personne. Il publie son génie, avec la caution de ces hyménoptères qui ont veillé sur sa naissance : « Mes odes sont semblables à l'abeille. Mes beaux hymnes de louange volent, comme l'abeille, d'un sujet à l'autre. »

Quelques années passent et un autre essaim d'abeilles embellit la naissance d'un deuxième génie, Platon. Elles butinent les lèvres du jeune Platon. Ensuite, elles se tiennent tranquilles, dans leurs troncs d'arbre, pendant quelques siècles, mais, en 340 après Jésus-Christ, Ambroise de Milan naît à Trèves. Son berceau est disposé dans la salle du prétoire. Un vol d'abeilles repère le bébé, couvre sa figure, entre dans sa bouche et en sort avant de monter au ciel à de telles hauteurs que l'œil ne le distingue plus. Le père d'Ambroise dit : « Si ce petit enfant vit, ce sera quelque chose de grand. » Et comme Ambroise vit, il devient Père de l'Église, invente l'hymne composée de huit strophes de quatre vers, est nommé saint après qu'il est mort, ce qui donne aux apiculteurs l'idée d'en faire leur patron. Un millénaire plus tard, sainte Rita de Cascia a de la chance, elle aussi. Quand elle a un an, un homme, qui vient de se blesser, passe près d'elle. Il voit que des abeilles s'amusent à entrer dans la bouche du bébé et à en sortir. Rita ne se trouble pas. Elle sourit. Du coup, l'homme blessé est guéri.

*

Les Grecs, les Romains et les Latins, les Égyptiens, les Hébreux, les Hittites, la plupart des peuples anciens tiennent les abeilles en considération. Ils s'interrogent si cet animal avisé ne serait pas un bon modèle pour les hommes. Platon, dont les lèvres se souviennent des abeilles de sa naissance, pose la question dans le *Phédon*. Intrigué par les doctrines de la métempsychose, il voudrait savoir ce que deviendront les animaux dans une autre incarnation. Il compare l'abeille à l'âne, comme le fera plus tard Francis Jammes. L'âne ne sort pas grandi de ce petit tournoi platonicien car il est accusé d'être glouton et impudique.

« Chaque espèce d'âme, explique Platon, verra son lieu de destination déterminé par similitude avec son occupation ordinaire. Les *gloutons*, les *impudiques* se réincarneront dans les *ânes*. Les tyrans se réincarneront dans les *tigres*. Ceux qui se sont adonnés à la vertu sociale et physique à laquelle on donne le nom de tempérance et de justice se réincarneront dans les espèces animales policées telles les *abeilles*. »

Platon veut-il signifier que l'abeille est un « animal politique » ? Les linguistes en disputent. Le sûr est que Platon demande à l'abeille des avis sur la gestion de la cité des hommes. La société idéale, telle qu'il l'imagine dans *La République* puis dans *Les Lois*, emprunte ses dispositifs non pas aux balbutiantes agglomérations des Grecs ou des Perses, mais à celles des insectes sociaux, fourmis, termites et abeilles.

Les villes utopiques que Platon dessine sont des ruches. Parfaites, inaltérables, mathématiques, gardées des offenses du temps et des meurtrissures de l'histoire. Incorruptibles. Ordre et productivité, telles sont les consignes. « Le travail par la joie », comme disent les Japonais dans *Le Pont de la rivière Kwaï*. Monotonie. Les cités sont faites de maisons identiques, de rues semblables et de places géométriques, si possible rondes ou bien hexagonales. Elles rivalisent en perfection avec les gâteaux de cire que font les abeilles dans leurs colonies. Pas de fantaisie et pas de pulsions. Élégance et propreté, telles sont les règles de la cité utopique. La moindre salissure en abîmerait l'élégance, en fatiguerait les ressorts.

*

Dans la cité platonicienne, comme dans les colonies d'abeilles, les citoyens sont distribués en catégories. Ils sont philosophes, ou bien gardiens, ou bien producteurs, et ils ne changent jamais de strate car Platon est hostile à la lutte des classes. L'abeille est comme Platon. Pas marxiste pour un sou. Dans la ruche, les individus sont dissous au bénéfice de leur fonction. On distingue la reine, les ouvrières et les faux bourdons. Il n'est pas toléré que la reine devienne ouvrière ou qu'un gardien se hisse sur le trône.

S'il arrive que l'ouvrière change de métier, ce n'est pas qu'elle a emprunté l'ascenseur social, qui du reste n'existe pas. Ce n'est même pas que la reine lui en a donné l'ordre. C'est que le programme de la ruche en a décidé. Personne ne règne sur la ruche, même pas la reine. Puisque la ruche échappe aux méfaits de l'histoire, elle se gouverne sans gouvernement, comme Marx prophétisait que la future cité communiste se passerait de chefs. La société hyménoptère obéit à un « cahier des charges » dont nul ne sait qui l'a établi et dont les ordres ne souffrent point la discussion. La ruche se contente de persister dans son être. Elle accomplit ses cycles comme les astres tournent dans le ciel sans avoir besoin d'un maître, d'un aiguilleur ou d'un réparateur.

Pas de progrès et pas d'évolution : se faufiler d'une strate à l'autre, d'un étage à un autre, changer de vocation, de rôle et de désir, lutter pour améliorer son état, pour laisser un petit magot à ses enfants, c'est bon pour les hommes ou pour les ânes. Pas pour les abeilles. La « ruche aux vanités » allumerait des ambitions, provoquerait des convoitises. L'Histoire envahirait la ruche et l'abeille a horreur du changement. Elle a choisi une fois pour toutes le temps circulaire. Elle n'invente pas. Elle recommence.

Ces monotonies, ces constances et ces éternels retours émeuvent les hommes des premières civilisations. Pline nous parle d'un certain Aristomachus, qui résidait en Cilicie, et qui admirait tellement les abeilles qu'il les observa sans discontinuer pendant cinquante-huit ans.

*

« Je n'ai pas grande sympathie pour Platon, dit Vladimir Nabokov. Je ne pourrais d'ailleurs pas survivre bien longtemps sous son régime germanique, militariste et musical. »

*

Dans la Cité des lois de Platon, la vie quotidienne n'est pas frivole. Toute innovation est une offense à l'ordre. Dans les jeux, la musique, la danse, Platon bannit la plus modeste innovation. Les poètes sont chassés de la République. On ne sait jamais, avec ces types-là. Ils ont mauvais genre. Ils sont même capables, de loin en loin, d'avoir une idée neuve.

L'amour et la passion sont sous contrôle. Quand deux époux forment le projet d'avoir un enfant, une matrone spécialisée veille sur le déduit. Si on les laissait copuler à l'aise, ils risqueraient de s'aimer ! Ils pourraient succomber à l'ivresse du sexe ou aux intermittences de la passion. Aussi, dès le lendemain de l'amour, les conjoints prennent leurs repas séparément. Au réfectoire, comme tout le monde. Platon déteste le primitif, la nature animale ou humaine, le tendre, l'instinctif, le viscéral, le passionnel, l'organique et l'incohérent. Il se méfie de la famille. Comment voulez-vous édifier une cité rationnelle et donc immobile si le groupe familial est là pour se mettre à la traverse de la logique ? Si les mammifères n'ont jamais pu produire une pensée politique, n'est-ce pas que les parents lapins sont attachés à leurs petits lapins ? Et les ânes donc !

L'abeille exauce les vœux de Platon. Plus avisée que les mammifères, elle a mis au point une solution radicale pour en finir avec la famille. Dans une colonie, il n'y a qu'une mère, la reine, quelques pères, les faux bourdons, réduits à rien, et des milliers de sœurs semblables qui n'ont aucun attachement à leur mère et qui ne savent même pas qu'elles sont sœurs. Ce modèle plaît bien à Platon. Comme les abeilles, le philosophe grec dilacère le groupe primitif constitué par le père, la mère et les petits. Il fait rentrer la famille dans le rang. Les enfants, après qu'ils sont nés, sont confisqués à leurs parents et confiés à la collectivité. Les pères et les mères ne les connaissent pas. Les enfants relèvent du groupe, non de la famille.

La différence entre les hommes et les abeilles, c'est que les premiers ont des désirs. Dès qu'ils voient une jeune fille, ils essaient de coucher avec elle et, puisque, dans le système de Platon, ils ne connaissent pas leur propre progéniture, ils risquent de commettre l'inceste, activité regrettable et dont l'effet serait non pas de supprimer la famille, comme Platon rêve de le faire, mais de la consolider et d'en approfondir les ombres, d'en multiplier les nœuds et les vipères. Le philosophe grec prescrit alors une solution radicale : chaque homme tiendra pour siens tous les enfants nés sept mois après qu'il s'est uni jadis à une femme.

Par cette règle, Platon applique encore la loi de la ruche. Pour dissoudre la famille, il la dilate aux dimensions du groupe, de la cité. La famille est arrachée à l'ordre du biologique. Elle devient une catégorie sociale. La chaleur, la tendresse, la haine, les secrets, les jalousies, les rivalités qui soutiennent la famille naturelle et qui l'opposent aux monotonies mathématiques de la cité, tous ces sentiments gluants qui ont nourri la tragédie grecque, racinienne et shakespearienne, le roman européen et le théâtre de boulevard, n'ont plus lieu d'être. Ils sont remplacés au sein de la famille sociale, c'est-à-dire de la cité de cristal ou de la ruche, par les règles d'acier qui garantissent le fonctionnement sans accrocs d'une mécanique abstraite, glaciale, immobile et irréprochable.

*

Une utopie est une construction volontaire à jamais inaccomplie et comme irréelle inventée par quelques grosses têtes philosophiques, de Platon à Thomas More et à Étienne Cabet. Elle rêve de corriger la nature de l'homme et le chaos de ses cités. Elle entend éradiquer l'imprévisible, l'incohérence, l'informe, l'arbitraire et l'aléatoire de la condition humaine. Toute utopie vise à faire de « l'organique » une « organisation ». Une utopie est une anti-nature.

Tel est le paradoxe de la ruche. La cité idéale forgée par l'abeille dans ses troncs d'arbre d'abord puis dans ses ruches, seule utopie qui ait jamais fonctionné à la surface de la terre, est naturelle, non abstraite ou intellectuelle comme celle des penseurs. La ruche réside dans nos campagnes, dans nos villes, et bourdonne dans nos saisons. L'insecte prodigieux a mis au monde cet objet fantastique : de *l'organique* naturellement *organisé*.

Aristote, Bouvard et Pécuchet

Aristote entre dans la ruche. Comme Platon, il admire l'esprit d'économie de l'abeille, son énergie, son sérieux et la convenance de ses règlements, mais il ne lui accorde pas le label d'*animal politique*. Son raisonnement est celui-ci : il est vrai que la ruche est bien organisée. C'est une affaire qui tourne rond mais elle ne le fait pas exprès. L'animal politique, c'est l'homme, non l'abeille ou la fourmi. Il n'y a pas de politique dans la ruche. La preuve : l'abeille n'a pas de langage. Or la nature ne fait rien en vain. Si elle a donné aux hommes une langue, c'est qu'elle les destine à construire des sociétés politiques, des sociétés incertaines dont la mécanique demande sans cesse à être révisée, réglée par le moyen du langage, à mesure que le temps accomplit ses exploits et ménage ses surprises. Gouverner exige la discussion, l'échange. Les chefs débattent entre eux, demandent avis aux citoyens, font des discours, vont sur l'agora, pèsent le bien et le mal, le nuisible et l'utile, le juste et l'odieux. Ils adaptent leurs outils et leurs maniè-res aux nécessités du groupe, aux défis que les cités voisines leur portent, aux irrégularités du moment. La langue permet à la communauté de prendre des mesures efficaces, après discussion. La politique, c'est le langage.

Or l'abeille n'a point de langage, opine Aristote. La reine des abeilles règne mais ne gouverne pas (Aristote aurait parlé du « roi » de la ruche, non de la « reine »). La ruche accomplit son parcours sans intervention d'un chef, automatiquement, comme les aubes remplacent les crépuscules. Ce parcours est un cercle, sans adapta-tion ni corruption, sans besoin de « réformation » ni de lois, et toujours à son départ revenu. En somme, pense Aristote avec raison, si l'homme est un animal politique, s'il est un produit et un acteur de l'histoire, c'est parce qu'il a une langue. Il est vrai que l'abeille a une langue elle aussi, parfois longue et parfois courte, mais elle s'en sert seulement pour lécher le nectar des fleurs ou le corps de la petite reine, non pour échanger des idées avec ses contemporaines. Pourquoi exprimerait-elle des opinions, engagerait-elle des controverses, puisque la cité dans laquelle elle réside, la ruche, fonctionne toute seule, sans agora, sans débats, sans promesses ni décep-tions, sans épiphanie ni décadence ?

L'analyse d'Aristote est sans reproche. Elle installe la cité des hommes, qui ont une langue, dans le flux de l'histoire, non au large de l'histoire comme aimeraient le faire Platon, les utopistes et les abeilles. Certes, les vues d'Aristote peuvent paraître aujourd'hui contredites sur un point : nous savons depuis cinquante ans, grâce aux travaux de l'Autrichien Max Frisch, que les abeilles, contrairement à ce qu'Aristote prétend, disposent d'un langage. De plusieurs langages même : les *phéromones* sont des phrases chimiques que l'abeille émet à l'intention de ses congénères. Et l'abeille a un deuxième système de communication : la *danse*, un protocole très savant qui lui permet de renseigner ses congénères sur la présence et la position d'un stock de pollen ou de nectar en décrivant des figures géométriques dans l'air, tenant compte au surplus de la position de la ruche par rapport au soleil.

Pourtant, la révélation par Max Frisch du langage des abeilles ne réduit pas les objections d'Aristote. Elle nous invite plutôt à réfléchir sur l'Être du langage. Aussi subtil que soit celui des abeilles, il ne remplit pas les fonctions que le langage humain remplit. Pour ce qui est de l'ordonnance de la ruche, de ses progrès et de ses erreurs, de son adaptation aux surprises renouvelées de l'environnement, aux attaques des frelons ou au mécontentement des ouvrières ou des reines, à tout ce qu'enveloppe le mot « politique » en somme, le langage de la danse ne dit rien. Danses et phéromones sont des automates. Ils accomplissent la mission que leur logiciel a prévue, au début des choses : comment retrouver son chemin dans la campagne et comment repérer des champs riches en pollen ? Et le jour où un défi inattendu, historique donc, menace la ruche (les insecticides aujourd'hui), le langage coincé de l'abeille est inutile.

Les abeilles ne sont pas armées pour répondre aux sommations de l'avenir. C'est simple : elles n'ont pas d'avenir. Elles n'ont pas de passé non plus, et à peine un présent. Elles butinent à l'écart du temps. C'est pourquoi, sans doute, et paradoxalement, la ruche, cette organisation vouée à abolir le temps, fonctionne avec la perfection d'une horloge, est une horloge.

C'est aussi pourquoi, le jour où un événement saugrenu advient, comme en ce siècle l'arrivée des pesticides, les abeilles se trouvent bien dépourvues et agonisent. Résidant au large de l'histoire, elles ne sont pas armées pour répondre aux surprises de l'histoire. Dans ces cas-là, leur langage paralysé, leur langage d'utopistes, avec phéromones et danses savantes, ne leur est d'aucun usage, alors que chez les hommes, au contraire, le langage est capable de forger de nouvelles phrases, des grammaires neuves et des syntaxes inouïes chaque fois que s'avancent de nouveaux dangers ou des menaces inconnues.

En territoire historique, le langage utopiste devient indéchiffrable. Et, sur le chemin des ruches, les abeilles meurent, faute de comprendre le pas de danse de leurs sœurs.

*

D'autres insectes posent leur candidature au titre d'insecte utopiste ou utopique. Les philosophes leur sont indulgents. Ils embrigadent volontiers, dans la rubrique utopique, des insectes sociaux, tels les termites et les fourmis. Ils expliquent que l'organisation des termitières, comme celle des fourmilières, tend à un seul but : arracher l'espèce aux territoires fracassés et débraillés de l'histoire pour l'installer dans les glacis rassurants et mornes de l'utopie. La plupart des théoriciens accueillent donc en utopie les insectes sociaux. Ils confondent les abeilles, les fourmis et les termites.

Cette analyse est fausse. Gustave Flaubert la démolit en un tournemain, avec le concours de Bouvard et de Pécuchet. Les deux ahuris somptueux de Flaubert n'ont besoin que de quelques mots pour trouver l'erreur et la chasser : « Les abeilles, disent-ils, prouvent la *Monarchie*. Mais les fourmilières la *République*. » Remplaçons le mot *monarchie* par le mot *utopie* et la sentence des deux idiots de Flaubert est lumineuse.

Bouvard et Pécuchet disent que la fourmilière est une *République*. Ils ont raison. La fourmilière est bien un acteur et un objet de l'histoire car elle n'est pas close. Dessinée au hasard des tribulations de la peuplade, elle s'active dans une géographie réelle, donc dans une histoire, avec des reliefs, des synclinaux, des thalwegs, des orages, des voisins, des frontières de l'autre côté desquelles d'autres peuples grondent et parfois expédient dans les apanages des fourmis des commandos de soldats, de commerçants, d'ambassadeurs ou de brigands. Ces étrangers exigent une riposte. La fourmilière doit adapter ses dispositifs aux sommations du présent, tenir des réunions de chantier, former des missions, replier ses lignes de défense ou les allonger, renforcer ses postes de gardes-frontières, entretenir des diplomates, des préfets, des messagers et des généraux. Les fourmis échangent des avis et des ordres. « Attention », « Suismoi », « Gavez les larves », « On a besoin de renforts »... La pheidole pallidula, une fourmi de la Méditerranée, rousse et monogyne (une seule reine par colonie), et qui raffole du jus sucré que les pucerons secrètent par l'anus, adapte la taille de ses bataillons à l'urgence des menaces.

En cas de péril, la communauté des pheidole bat le rappel. Les sergents recruteurs enrôlent à tour de bras. « Le tam-tam fonctionne », dit la revue *Nature*. Les fourmis alertent leurs collègues restées au nid pour prendre soin des larves. Elles les informent que les étrangers rôdent dans le coin. Les nurses se mobilisent. Elles gavent des centaines de larves pour en faire de bons guerriers. On tend les ressorts. On reconfigure les frontières. On invente des procédures afin de répondre aux inconnaissables défis du temps.

Rien de semblable dans la ruche. Celle-ci échappe à ces nécessités. C'est qu'elle ne réside ni dans le temps, ni dans l'espace, ni dans la géographie et ni dans l'histoire. Enclose dans sa nacelle, protégée des aléas du climat grâce à la propolis, gardée des souillures et des cadavres que laisse après lui le temps qui passe, sans voisins ni frontières, vouée à des heures recommencées et à des saisons pareilles, la ruche n'est pas au monde. La ruche est un vaisseau sidéral qui accomplit sans fin des voltes identiques dans sa belle nuit éternelle. Il lui suffit d'exterminer les fausses teignes et la varroa, de poster au printemps quelques abeilles de vingt jours près du trou de vol pour repousser les intrus éventuels, et sa solitude infinie est protégée.

La ruche est hors sol, hors espace et hors temps à la fois. Une nacelle qui tourne au fond de ciels inconnus, de ciels vides. Thomas More, l'inventeur du mot « utopie », prend le soin, avant de bâtir sa cité idéale, de couper les langues de terre qui rattachent la terre d'utopie au continent voisin, c'est-à-dire à l'histoire, et tous les utopistes suivront Thomas More. Ils bâtiront leurs villes de cristal dans des îles, ou dans des montagnes inatteignables. L'abeille respecte cette leçon, mais, au contraire du théoricien anglais, elle n'a même pas besoin de séparer sa cité de cristal du reste du monde puisque la ruche est un module délié de toute adhérence à la géographie et à l'histoire qui l'enveloppent, même si ses sujets butinent dans des prairies qui appartiennent à la géographie et à l'histoire.

Sur elle-même enclose, et découplée de tout environnement, la ruche est une île qui ne croise pas sur les mêmes mers que les nôtres. Cette île qui fait mine de partager nos matins et nos nuits, nos nectars et nos pollens, est en réalité hors du monde. Elle n'est pas dirigée par un roi, par un empereur, par des présidents du Conseil, par des maires ou par des conseillers généraux. Elle parcourt ses cercles, comme les étoiles font leur ronde de nuit. Elle ne bouge que pour être immobile. Elle n'est pas une République. Bouvard et Pécuchet avec le génie de leur idiotie n'avaient pas besoin de lire Platon, Plutarque et Virgile pour découvrir ces vérités masquées.

L'âne musicien

Comme musicien, l'âne n'est pas bon. Il ne peut rivaliser avec l'abeille. Il y met du sien pourtant. Dès qu'il a un instant de libre, il lance quelques notes mais ces notes sont ratées. Pour les oreilles alentour, le braiment de l'âne est un supplice mais l'âne ne se laisse pas abattre. Tout le monde le gronde. Cinq minutes plus tard, il souffle encore dans sa terrible trompette.

L'abeille est au contraire. Bernard de Clairvaux trouve mélodieux son bourdonnement et comprend tout de suite que c'est la voix des anges. Il a probablement raison car les kabbalistes juifs avaient déjà fait la même observation : le mot hébreu désignant l'abeille a la même racine que *dabar*, et « *dabar* » signifie la « parole ». Les savants de Jérusalem en avaient conclu que le bourdonnement de l'hyménoptère est le verbe créateur. Et en 2010, l'Opéra de Vienne a installé une ruche de 60 000 abeilles sur ses toits. Beaucoup de théâtres, d'opéras ont suivi cet exemple. Il est agréable, pendant que Dona Elvire se lamente sur la scène, d'imaginer les mélodies que les abeilles interprètent en même temps dans les combles du théâtre.

Le braiment de l'âne a ses partisans. Ceux-ci rappellent que ce bruit a changé la face des choses, dans les temps premiers, alors que les dieux grecs mettaient au point leur organisation.

Gaïa, la déesse de la Terre, avait aimé son fils Ouranos, de manière à engendrer avec lui beaucoup de personnes patibulaires, six Titans parmi lesquels Cronos, les Titanides, trois Cyclopes et trois Hécatonchires. Ensuite, Gaïa, perdant toute mesure, s'en prend à Zeus dont elle n'aime ni la morgue ni les succès. La dispute s'aigrit et Gaïa charge quelques-uns de ses fils de détrôner Zeus et de délivrer au passage les Titans exilés dans le fond de l'univers, dans ce Tartare qui s'étend au-dessous même de l'Enfer. Un de ces Titans, Cronos, à qui sa mère procure une faucille, tranche les testicules de son père. Ouranos saigne et ça y est, Gaïa est de nouveau enceinte de son fils, même mort, et donne naissance aux déesses de la vengeance, les Érinyes, les Géants et les nymphes des frênes.

C'est pendant le combat entre les Géants et Zeus que l'âne donne de la voix. L'empoignade est formidable. On l'appelle la Gigantomachie. Hérodote nous en fait relation. Il nous révèle que les Titans ont été mis en déroute par le braiment des ânes que montent Dionysos, les satyres et Héphaïstos. On voit que l'âne, s'il n'aime pas trop se mêler aux affaires des hommes et s'il passe parfois pour un « indifférent », a pourtant des convictions. Et quand il sort de sa réserve ou de sa timidité, ses initiatives sont décisives. Le tohu-bohu des ânes assure la victoire de Zeus.

*

Dans les campagnes de France, les paysans avaient remarqué que les ânes, quand ils se mettent à braire, retroussent les lèvres et montrent les dents. Ils ont l'air de rire et ils rient, en effet, en mémoire de l'Enfant Jésus. L'âne de l'étable avait été fier d'assister à la naissance du Sauveur. Son bonheur fut fou. C'est en mémoire de ce bonheur que Jésus décida de récompenser l'âne de Bethléem. Il donna à tous les descendants de cet âne le pouvoir de rire. Il faut reconnaître que ce rire est bizarre mais nous aurions tort de faire la petite bouche. Aucune autre bête ne possède pareil pouvoir.

Enfin, les musiciens, s'ils reconnaissent à la suite de Pythagore que la mélodie du braiment n'est pas une réussite, n'oublient pas que la Grèce primitive façonna ses premières flûtes avec des tibias d'âne. Cela ne plaît pas à tout le monde d'ailleurs. Ésope ronchonne. Il ne comprend pas qu'on façonne des flûtes avec les ossements d'un animal aussi bouché en musique.

*

Au Moyen Âge, le tilleul est souvent utilisé pour façonner des instruments de musique. Ce choix ne se justifie pas par les qualités particulières du bois de tilleul, Michel Pastoureau a fait une enquête. « Une seule réponse, dit-il, la musique des abeilles. Le tilleul a pour attribut l'abeille. Le tilleul est l'arbre habité par les abeilles, un arbre qui chante, un arbre musical. Ce *topos* traverse les siècles, de Virgile à Ronsard en passant par les Pères de l'Église, la poésie lyrique des troubadours et des Minnesinger, les encyclopédistes du XVIIIe siècle, Dante et les ouvrages de botanique. Laissons la parole à Virgile : "Dans la forêt, les derniers jours d'été, quand le soleil commence à infléchir sa course, il fait bon s'étendre sous un tilleul et s'endormir au bruit des abeilles. C'est la musique la plus douce qui se puisse entendre, une musique qui transportera au royaume des dieux, au milieu des parfums de la nature." »

Comment mieux attester le génie musical de l'abeille ? Celui-ci est si évident, si raffiné et si contagieux, qu'il se transmet, comme par osmose, aux arbres que fréquente l'abeille. L'âne ne saurait rivaliser avec un tel champion. Il a beau avoir des tibias propices aux flûtes douces, aux flûtes à bec ou aux flûtes enchantées, peut-être même aux trompettes bouchées, il demeure pourtant, en matière de musique, un cancre.

Au centre, les savants et les ânes

Au contraire de l'abeille, l'âne n'a jamais prétendu figurer parmi les animaux politiques. Il ne s'est même pas présenté au concours. Il sentait qu'il serait recalé. Platon déjà lui dénie cette qualité. La Cité idéale, qu'il imagine dans *La République* ou dans *Les Lois*, copie la ruche, non l'étable. Montesquieu et David Hume, Raymond Aron, Jürgen Habermas ou La Boétie sont du même avis. L'âne, ils ne le considèrent pas, et peut-être ils le méprisent. Cervantès est plus nuancé : le grison de Sancho Pança devine des combinaisons politiques que le cheval du Quichotte, la tête embuée de rêves d'âge d'or, n'aperçoit pas même.

Au Moyen Âge, le recteur de l'université de Paris, Jean Buridan, donne sa chance au bourricot, mais c'est pour l'abaisser. Buridan nous sert une fable : il raconte que l'âne, si on lui présente à droite un peu de paille et à gauche un peu d'eau, tournera la tête d'un côté, puis de l'autre, et il ne saura décider s'il a soif ou s'il a faim. Jean Buridan en tire la leçon que l'âne n'est pas taillé pour exercer un commandement. Que penser d'un roi, d'un chef ou d'un général qui se demanderait toujours s'il vaut mieux boire ou manger, au point de mourir de soif et de faim ensemble ? Aristote avait déjà développé ce thème. Il avait choisi un autre animal : il imaginait un chien incapable de choisir entre deux pâtées mêmement délectables.

Voltaire a repris cette fable :

Connaissez-vous cette histoire frivole
D'un certain âne, illustre dans l'école ?
Dans l'écurie on vint lui présenter
Pour son dîner deux mesures égales,
De même force, à pareils intervalles.
Des deux côtés l'âne se vit tenté
Également et, dressant les oreilles,
Juste au milieu des deux formes pareilles,
De l'équilibre accomplissant les lois,
Mourut de faim de peur de faire un choix.

François Villon connaît ce Buridan. Il lui fait une place dans sa « Ballade des dames du temps jadis ». Les vers en sont tellement beaux que je cite la strophe entière :

Où est la très sage Héloïse
Pour qui fut châtré et puis moine
Pierre Esbillart à Saint-Denis ?
Pour cet amour eut cette essoine.

Semblablement, où est la reine,
Qui commanda que Buridan
Fût jeté en un sac en Seine ?
Mais où sont les neiges d'antan ?

Comme on ne sait rien sur la mort de Buridan, ni la date ni les circonstances, les vers de Villon intriguent. Ils ont nourri quelques gloses. Certains ont dit que Buridan fréquentait les soupers qu'offraient « la reine sanglante », Marguerite de Bourgogne, bru de Philippe le Bel, et ses deux belles-sœurs, Blanche et Jeanne, et que ces rencontres étaient extrêmement orgiaques. Une fois le déduit accompli, on mettait l'amant d'un moment dans un sac que l'on jetait en Seine, par la fenêtre. Sur cette première légende, une autre s'est greffée. Buridan aurait participé à une de ces terribles orgies mais il aurait demandé à ses élèves de l'attendre sous les fenêtres des dames, dans une barque remplie de foin. Alexandre Dumas a puisé dans ces histoires et légendes le canevas de sa pièce à grand succès, *La Tour de Nesle*.

*

Il suffit de jeter un coup d'œil sur un âne pour savoir qu'il n'a ni la tête politique, ni le gène de l'autorité. Capricieux et émotif, objecteur de conscience et rempli d'idées désordonnées, on ne peut pas en extraire une théorie. Ses oreilles sont trop grandes. Il est vrai qu'elles sont habiles car elles ne manœuvrent pas ensemble et peuvent entendre en toutes directions. Le bourricot est petit et sans dignité, mélancolique et intimidé, inapte au galop et souvent distrait, la tête ailleurs car sans cesse occupée de problèmes métaphysiques. Sa robe n'est pas brillante. Grise ou marron roux, tourterelle et rarement blanche, ce n'est pas une robe. C'est une serpillière. L'âne n'impressionne pas. On a envie de le battre, de le consoler ou de lui coller une charge sur le râble. Son prestige est nul. Son charisme absent. Comment jucher sur le podium cet équidé ratatiné ?

En plus, son squelette est inachevé. Il a un problème de vertèbre. Il partage cette incommodité avec la *Grande Odalisque* de Jean-Dominique Ingres, qui fut peinte, à la demande de Caroline Murat, la sœur de Bonaparte, en 1830 à Naples et qui avait trois vertèbres en trop. Mais si l'odalisque sublime et nue d'Ingres a des vertèbres supplémentaires, l'âne au contraire n'en a pas assez. Il lui en manque une.

La *Grande Odalisque* d'Ingres a tiré le meilleur parti de son anomalie squelettique. Ces trois vertèbres surnuméraires expliquent l'allongement du corps de la femme, la douceur de son dos et cette interminable chute de reins qui induit au songe. L'odalisque y gagne un érotisme violent. Cet érotisme déplut aux amateurs du XIXe siècle qui voyaient Ingres comme un artiste bourgeois, bien élevé et réaliste, alors que ce peintre était un baroque et un obsédé qui étouffait ses rêveries lubriques sous les élégances du classicisme. Il assumait tranquillement les corrections qu'il avait apportées aux os de la *Grande Odalisque*. « Il faut corriger la nature par elle-même », disait-il.

L'âne n'a pas eu la même chance que l'odalisque. Aucun peintre ne s'est mis en tête de « corriger » sa nature, d'améliorer sa mécanique et la chute de ses reins par la restitution de l'ossement perdu. Cher baudet ! Déjà recalé par Buridan et par Platon comme animal politique, amputé d'une vertèbre, que vouliez-vous qu'il fît ? Qu'il dégringolât dans les bas-fonds de la société ? Cette vertèbre dorsale absente s'est ajoutée à sa petite taille, à son allure désaccordée, à sa queue courte avec touffe, pour abaisser son orgueil.

Le bourricot a été renvoyé à sa nature. Il a fait face comme il a pu. Il a compensé la vertèbre absente en développant ses autres vertèbres, qui sont devenues très robustes et aptes à supporter de lourdes charges. Son dos s'est creusé, ses reins ont gagné en force, ce qui lui permet de supporter le bât, que celui-ci soit de bois ou de cuir, et tant pis si le bât le blesse. Grâce à cet os sous-numéraire, l'âne a bon dos. Sa vocation de bête à tout faire était inscrite dans son squelette. Cette vertèbre en allée était un destin. Elle dit que le baudet était désigné par la Providence pour le poste d'animal de bât. Et c'est ainsi qu'en toutes tribus, en tous continents, l'âne tire des charrettes, transporte des cailloux et des hommes.

Il est spécialisé dans les travaux médiocres, salissants, vulgaires et fatigants. L'âne est une bête à tout faire. Depuis six mille ans qu'il y a des ânes et qu'ils pâtissent, son dos coltine des sacs d'orge et des grands-pères, du riz ou de l'or, du sel, du sable, des reliques, des ordures et des enfants. Dans la mine, il subit cette horreur : ses maîtres lui crèvent d'abord les yeux (je suis contre la peine de mort mais ces types qui crèvent les yeux des ânes, vraiment...). Il sert à toutes mains, mais principalement aux mains des vaincus. Ses patrons sont les galeux, les sans-grade et les ratés du monde. Les déchus l'apprécient car ils ont trouvé plus déchu qu'eux et, pour que les hiérarchies soient bien visibles, ils le battent. L'âne est le pauvre des pauvres, la propriété de ceux qui n'ont ni feu ni lieu, l'esclave de l'esclave.

De l'angélus de l'aube à l'angélus du soir, il trime. Et ce n'est pas assez. Il faut encore qu'il soit ridicule. Les moqueries, les mépris, les grossièretés, les injures, les méchancetés dont il a été gratifié dans les siècles des siècles sont sans fin. Bonnet d'âne et âne bâté, laver la tête d'un âne et coq à l'âne, oreilles d'âne et bête comme un âne, les expressions que les hommes ont empilées sur les reins du baudet pour l'avilir forment une anthologie de la bassesse. Le pire est que ces sottises ont été proférées par ceux-là mêmes, manants, manouvriers ou bidasses, qui étaient aussi méprisés que l'âne et qui imposaient à celui-ci des efforts à en mourir, des hommes qui vivaient de ses bontés et n'auraient jamais accompli leurs missions sans le dévouement de celui qu'ils vilipendaient.

Tout aussi surprenante est la monotonie de ces insultes. Itératives et dégradantes, idiotes, elles sonnent en toute saison, que l'âne habite en Inde, à Fontainebleau, à Porto Alegre, en Grèce ou à Rome. Le Moyen-Orient forme une exception heureuse. Les paysans libanais ou jordaniens, peut-être influencés par la Bible, sont polis (parfois) avec leurs bourricots. Partout ailleurs, c'est l'insulte. À ces flots de mépris, l'âne répond rarement par la révolte, la méchanceté, la grève ou le suicide. Les rôles ont été distribués au début des choses et l'histoire est un songe. Le songe passe. Le bourricot demeure.

Étrange position de l'âne face à l'histoire. Celle-ci n'aurait pas pu s'accomplir de la même façon si l'âne, en toutes provinces et en toutes saisons, n'avait été disponible, et pourtant, il n'a jamais voulu rien avoir à faire avec l'histoire. Sur ce point, il ne négocie pas. Il est têtu comme un âne. Il est hors de l'histoire, et voilà tout. L'âne d'Aménophis, celui des paysans du Moyen Âge et celui des esclaves des champs de canne à sucre brésiliens, c'est le même. L'évolution, Buffon, Lamarck et même Darwin, l'âne n'y comprend rien. À la rigueur, il veut bien croire que les oiseaux, les dinosaures et les merles à gros bec de Darwin se transforment avec le temps, mais lui, l'âne, il ne bouge pas. Il a été fait une fois pour toutes.

Le paradoxe est que l'histoire n'aurait pas pu s'épanouir sans le concours de cette bête qui méprise l'histoire. Depuis Sumer et Athènes, ce cheval raté trottine dans tous les recoins du monde. Il est présent sur tous les fronts, en déroute toujours et toujours invaincu. Les hommes l'usent jusqu'à la corde et jamais ne le récompensent. Il n'a même pas droit à une médaille militaire, quand il a souffert à la guerre, et pas de sépulture ! Personne n'a jamais eu l'idée de faire défiler sur les Champs-Élysées, le 14 Juillet, un régiment de bourricots. Ce serait trop comique. D'ailleurs, ils ne sauraient même pas marcher au pas. Un âne a toujours l'air d'un animal périmé, d'un objet acheté d'occasion ou retiré à l'instant du mont-de-piété. Le cuir qu'on fait avec la peau de ses fesses est d'une qualité excellente. On le nomme *chagrin*, c'est bien sa chance ! En plus, c'est un imbécile, car, si son maître ne lui fournit pas d'herbe fraîche, il ne proteste pas, mange des chardons et des ronces et, par délicatesse, il fait semblant de se régaler si bien qu'on le prend au mot et que les hommes sont convaincus qu'il préfère les orties aux roses. Il ressemble au poème de Rimbaud :

Par délicatesse
J'ai perdu ma vie.
Ah que le temps vienne
Où les cœurs s'éprennent.

Pas révolutionnaire pour deux ronds, l'âne fait de temps en temps une émeute, tout seul, pour le principe, sans panache ni illusions. Il sait que les lendemains d'émeutes ne chantent jamais. Il envoie quelques coups de sabot en l'air et il fait un bruit de trompette bouchée avec son nez. Toujours incertain si son maître lui filera un croûton de pain, une baffe ou un morceau de sucre, il se remplit la panse d'eau comme un chameau inabouti – mais il ne tolère que l'eau très pure, c'est son raffinement.

*

Si parfois, en dépit des avertissements de Platon et de la fable de Buridan, il opère une percée dans le champ du politique, il ne se couvre pas de gloire. L'affaire tourne au malheur. Au début du XIXe siècle, en 1828, il fait une tentative. Il devient l'emblème du parti démocrate aux États-Unis. Cet honneur le comble. Il fait mine de caracoler. Il connaît une saison ensoleillée. Il se pavane. Il est plein de fierté et d'un peu d'arrogance. En réalité, cette promotion est un attrape-nigaud. Le candidat démocrate à la présidentielle de 1828 se nommait Jackson. Les républicains avaient démembré ce nom pour le déformer en « *jackass* » qui signifie « bougre d'âne » !

Les communicants républicains s'en étaient donné à cœur joie. Des caricatures montraient le sénateur Jackson hissé sur un âne. Dans le *Harper's Weekly*, un dessin figurait l'âne démocrate frappant de ses sabots un lion tombé à terre. Ce lion était un sénateur mort l'année précédente. La légende était cruelle : « *A Live Jackass Kicking a Dead Lion.* » (« Un âne vivant frappant un lion mort. ») Le *Harper's Weekly* avait ramassé cette malice dans la fable de Phèdre : « Le lion devenu vieux ».

Nous connaissons cette fable puisque La Fontaine, ami des ânes cependant, en a fourni une version. Un lion a opprimé tous les animaux quand il était splendide et le voici malade. Il agonise. Il a perdu sa force et sa morgue. Ses anciens sujets, débarrassés du tyran, frappent le vieux monarque. Chacun lance sa pierre. Le cheval, le loup, le bœuf le frappent, le griffent et le blessent. À la fin, l'âne se joint à la curée. Il décoche des ruades. Un comble ! Un âne, le dernier des animaux, piétinant le roi des animaux ! C'est le « coup de pied de l'âne ». Le lion, qui avait accepté les autres avanies, quand il voit l'âne parmi ses bourreaux, a un haut-le-cœur :

Ah ! c'est trop, lui dit-il, je voulais bien mourir,
Mais c'est mourir deux fois que souffrir tes atteintes.

Ce qui est décourageant, avec l'âne, c'est qu'il ne se contente pas d'être nul. Il est encore malchanceux. Même ses réussites ratent. La gâterie qui lui est faite de porter les couleurs d'un grand parti politique américain aurait dû lui ouvrir le chemin des honneurs et l'installer dans la société choisie des animaux politiques, aux côtés de l'aigle, du lion, du cheval, de l'abeille ou du renard. Rien de tel ne se produit. Le succès de l'âne américain se conclut par une avanie puisque sa merveilleuse ascension n'était que le fruit d'un jeu de mots inventé par les républicains pour peindre, aux couleurs de l'âne, le premier président démocrate des États-Unis.

*

Malcom de Chazal, ce mauvais poète trouvé en 1948 par Jean Paulhan dans l'île Maurice et qu'André Breton aurait bien voulu embrigader dans le surréalisme finissant, écrit : « C'est toujours l'âne qui brait le plus fort qui est le plus racé. La bêtise est tonitruante. » Héraclite dit : « Les ânes préfèrent la paille à l'or. » Heureusement, les aphorismes d'Héraclite sont perdus, et la plupart de ceux qu'on lui prête sont imaginaires.

*

Les villes italiennes de la Renaissance érigeaient, sur leur place principale, la statue de leurs condottieri, Sforza, Malatesta, Colonna, Colleoni ou Campobasso. Ce sont des hommes beaux et terribles. Nous admirons la sauvagerie de leur regard. Ils sont solidement posés sur des chevaux, des cavales, lancés au galop ou cabrés. Il m'est arrivé de rêver qu'un sculpteur italien aurait pu, par inadvertance, par charité ou par philosophie, installer le condottiere sur un baudet aux maigres guiboles. J'imaginais l'âne de Malatesta, perché sur son socle de marbre, grêle, petit, compliqué, gauche, embrouillé et dévoué, aussi gentil qu'un tableau de Giotto qui tant aima les bourricots. Personne n'eût imaginé qu'un cavalier monté sur un truc pareil pût défier les papes, les rois, les princes ou les dieux. Il en fût résulté de grands bouleversements dans les chemins de la Renaissance, ce que traduit le proverbe piémontais : « Le cheval des condottieri, s'il eût été un âne, la face de l'Italie en eût été changée. »

À Ravenne et en pays vénitien, j'ai entendu une version plus universaliste : « Les chevaux, s'ils eussent été des ânes, la face de l'Homme en eût été changée. » Et les guerres de Richard Cœur de Lion, d'Attila ou de Tamerlan eussent peut-être été moins mortelles si les capitaines avaient monté des ânes.

Malgré ses handicaps et bien qu'il fût confiné aux coulisses et aux terrains vagues de l'Histoire, l'âne a réussi à décrocher quelques rôles secondaires. En 1793, Bonaparte est en Égypte. Il a mis dans ses bateaux une bande de savants. Ces hommes, polytechniciens de préférence, ont été choisis par Monge. L'un d'eux, le capitaine Xavier Bouchard, découvre dans le delta du Nil la pierre de Rosette grâce à laquelle Champollion déchiffrera plus tard le système des hiéroglyphes. Malheureusement, l'équipée d'Égypte s'achèvera dans la déréliction puisque les soldats de Bonaparte doivent déguerpir après que les Anglais eurent coulé la flotte française à Aboukir. Elle survit cependant dans la mémoire des hommes. Elle doit cette illustration moins à la fougue des soldats qu'au travail accompli par les quatre-vingt-trois savants de Monge.

Ces savants montent des ânes, non des chevaux, soit qu'ils manquent d'assiette, soit que les durs petits sabots des ânes soient bien accordés aux pierres. Et puis l'âne, avec sa vertèbre disparue et son dos robuste, est bien profilé pour porter des reliques, des parchemins, des vestiges, des pierres de Rosette et des momies. Aussi, quand le corps expéditionnaire français est attaqué par les mamelouks de l'Empire ottoman, et comme la vie d'un polytechnicien vaut plus cher que celle d'un soldat, le général Friant lance-t-il cet ordre inouï : « Au centre, les savants et les ânes ! » Les bourricots sont étonnés. Divine surprise. Ils plastronnent.

Les abeilles de Childéric et de Napoléon

L'âne est un roturier mais il lui arrive d'avoir des manières. Il a réussi à forcer les portes de l'institution la plus sélecte de l'Europe, celle de l'héraldique. Il figure sur ses écussons, aux côtés de l'hermine, du lion, de la lune, du soleil ou du léopard, et il en recueille l'éclat. Par quel tour de bonneteau ce cheval bizarre a-t-il pu s'ouvrir chemin vers la grandeur du blason ? On dit qu'il a tiré profit du tohu-bohu des croisades. En ce temps-là, des prédicateurs prodigieux montaient sur leurs ânes et sillonnaient l'Europe. Du haut de leurs bourricots, ils tonnaient. Ils ordonnaient aux paysans de laisser leurs charrues, le temps de chasser les Infidèles des Lieux saints, de mourir et de s'introduire dans les terrains vagues qui conduisent au Paradis.

Quelques linguistes ont proposé que le nom de famille Poilâne, si répandu dans l'Ouest (Maine-et-Loire), remonterait à ces déplacements de foules. Les fidèles se battaient pour toucher Pierre Lhermitte ou

Godefroy de Bouillon. Ceux qui ne parvenaient pas jusqu'au corps glorieux du prêcheur se composaient un lot de consolation. Ils arrachaient un poil à la queue de l'âne et ce poil était un poil sacré, une relique. Une telle étymologie est séduisante, elle fait plaisir aux ânes mais elle est fausse, hélas ! hélas ! Le nom Poilâne serait formé non pas autour du substantif « poil » mais plutôt autour du verbe « peler ». Un Poilâne serait l'homme qui dépouille l'âne de sa peau, qui l'écorche, non celui qui l'honore.

L'âne joue un rôle pendant les croisades. Dans les sables de la Palestine, ses petits sabots durs et sa patience, sa docilité, son indifférence et le cœur qu'il met à son ouvrage, son goût des ronces et des cailloux en font un compagnon exceptionnel. L'âne est moins distingué que le palefroi mais il est plus pratique, moins exigeant, plus intelligent et plus accommodant. La science héraldique le repère. Elle fait la petite bouche car il manque de panache mais elle l'inscrit parmi ses meubles. Sur les blasons, l'âne est dessiné « de profil, et passant ». Il est « effrayé » s'il porte seulement sur les pieds de derrière. De sable, il évoque la patience, tandis que l'or renvoie à son humilité. Le voici enrôlé dans le bestiaire héraldique même s'il n'y suscite pas un grand engouement. Les princes, les évêques et les échevins ont beau se flatter d'être modestes, eux aussi, comme des ânes, et d'aimer les pauvres autant qu'eux-mêmes, ils placent rarement leur maison sous le patronage de l'âne, sauf dans les pays allemands.

*

L'abeille a plus de réussite. Dans les sciences héraldiques, elle fait figure de star. Chaque famille noble veut la sienne. Les guerriers illustres la caressent, la peignent sur leurs écus, de préférence sous la forme de « l'abeille montante », qui illustre la volonté et qui est dessinée de dos, pattes étendues et ailes entrouvertes. Princes, barons et dames, chacun veut son abeille. Le pape Urbain VII, au XVIIᵉ siècle, « porte d'azur à trois abeilles d'argent posées ». Avec la révolution industrielle, l'abeille se démocratise. Les manufactures et les villes se placent volontiers sous le patronage de cet insecte laborieux, communautaire, discipliné et qui usine des produits précieux, la cire, la propolis, le miel, la gelée royale.

L'âne ne peut pas défier pareil athlète. L'abeille gagne sur tous les tableaux. Elle triomphe partout et l'âne est partout défait. L'abeille est plus forte que la mort, comme en atteste l'usage de la cire dans les arts de l'embaumement. (Hérodote note qu'en Assyrie, on enduit de cire le corps des princes décédés, avant de les ensevelir sous du miel.) L'abeille possède un atout important : elle a la souplesse des êtres compliqués et leurs contradictions. Au gré des circonstances, elle justifie les violences politiques par la présence de son dard, ou bien elle encourage la caresse, l'amour fou ou l'amour sage par la musique de son bourdonnement et la régularité de ses mœurs. Son miel soigne les corps. Avec le lait, il est le seul produit issu d'un animal propre à être consommé directement par les hommes, au sortir de la fabrique, et sans transformation. Cette singularité a valu au lait et au miel de ruisseler ensemble dans le pays de Canaan et de séduire les anthropologues structuralistes.

L'abeille a d'autres mérites. Elle séduit tous les publics. Elle enchante les religieux par le goût qu'elle a du ciel. Ses sociétés sont intelligentes et sans conflits sociaux, sans grèves. Elle convient aux maîtres de forge. Les internationalistes, les conquérants et les rêveurs de l'État universel partagent le dédain qu'elle porte aux frontières et aux cadastres. Les voleurs de grand chemin s'en inspirent car elle fait son miel dans le jardin des autres. Les moines comparent l'irréprochable ordonnance de leurs abbayes à celle des ruches. Ils admirent tellement l'abeille qu'ils la confondent, selon les temps et les lieux, avec le dieu solaire Ra, la déesse Artémis, Demeter ou Jésus-Christ. Dans un hadith (parole attribuée au Prophète), il est rappelé que « tous les insectes iront au feu éternel, excepté les abeilles ».

Les jeunes filles chastes et les duègnes apprécient que l'abeille vive et meure vierge. Cet exemple leur fait prendre en patience les monotonies de la chasteté. Les Égyptiens la révèrent et son hiéroglyphe symbolise la royauté. Les Chaldéens en font un symbole royal. Les juifs sont plus admiratifs encore. Les kabbalistes enseignent que le murmure de la ruche est un écho du Verbe créateur. Chateaubriand nous rapporte que, dans les déserts de l'Amérique, chaque tribu indienne « se ralliait sous un symbole ». Il précise : « La plus noble d'entre elles se distinguait par des abeilles. » En Europe, si les paysans cohabitent avec le cheval, les bœufs, les poules, le mouton et le porc, ils ont une pensée particulière pour l'abeille qui veille sur les céréales, les arbres fruitiers, la couleur des fleurs et l'éclat des printemps.

*

Un individu doté de si nombreux talents ne pouvait qu'éveiller l'intérêt des hommes d'État. Nombreux sont les chefs ou les rois, dans les anciens peuples, qui ont tenté d'attirer l'abeille dans leurs rets et d'en farder leurs emblèmes. En 1653, à Tournai, on localise le tombeau du père de Clovis, Childéric Ier, qui fut le roi des Francs Saliens. Ce tombeau contient des trésors, parmi lesquels trente insectes d'or et d'émail, qui ornaient probablement le manteau du roi. Il se confirme ainsi que l'abeille fut l'emblème de la royauté. Au siècle suivant, l'électeur de Mayence, Philippe de Schönborn, offre les abeilles de Childéric au plus absolu des rois, Louis XIV, qui les range en lieu sûr, dans la Bibliothèque royale. Les joyaux traversent paisiblement la Révolution mais, le 5 novembre 1831, un voleur d'abeilles en or et en émail fait main basse sur la collection. On ne retrouvera que deux spécimens.

Nouvel enchevêtrement du destin : de nos jours, les spécialistes pensent que les abeilles de Childéric n'étaient pas des abeilles. Il s'agirait de mouches, de hannetons ou de cigales, mais qu'à cela ne tienne. On ne va pas « déconstruire » la mémoire des peuples. L'abeille demeure une souveraine, par la grâce du manteau de Childéric Ier. Elle reste symbole de la royauté et de la France, même si Childéric l'avait prise pour une mouche.

Napoléon Bonaparte avait le souci d'aboucher la lignée qu'il entendait commencer avec le roman de la France. En adoptant pour emblème l'aigle, il avait d'abord inscrit son règne dans la filiation des Césars, et par conséquent de Charlemagne, puisque l'aigle romaine avait été choisie par l'empereur d'Occident pour insigne. L'aigle veillait à la pointe des navires de Charlemagne et le palais d'Aix-la-Chapelle en multipliait les effigies.

Mais Napoléon était un goinfre. Il n'était jamais rassasié. Il se dit qu'avant les Carolingiens, une autre famille avait fait la France, celle des Mérovingiens. Il lui faut engloutir cette famille-là aussi. De même qu'il avait chipé l'aigle à Charlemagne, il emprunte l'abeille à Childéric Ier. Il s'approprie l'emblème de la première dynastie de la France. Le jour du sacre, sur son manteau de velours, étincelle un vol d'abeilles. À l'avenir, par décision de Napoléon, tous les dignitaires de l'Empire porteront nécessairement sur leurs armes « un chef d'azur semé d'abeilles d'or ». L'insecte fabuleux, une mouche déguisée en abeille, a gravi un nouvel échelon : il était royal. Le voici impérial.

Comment l'Empereur arrêta-t-il cette décision ? Le *Glossaire héraldique illustré* reproduit la version procurée en 1900 par Philibert Audebrand dans *L'intermédiaire des chercheurs et des curieux* :

« Voici de quelle façon j'ai entendu expliquer l'adoption des mouches d'or comme complément des armoiries de l'Empire. On était arrivé à l'heure où, prenant au sérieux le titre d'empereur, le soldat de la République se souciait d'organiser une Cour et de décrasser des enfants du peuple pour en faire une noblesse. Premier point, pour briller sur un trône, il fallait un manteau de roi. La tradition transmise par M. de Narbonne Pelet voulait que ce vêtement fût en velours, agrémenté de pourpre et d'hermine. Rien de plus aisé à se procurer. Va donc pour le velours, mais de quel emblème devait-on l'historier ? On avait besoin d'attributs qui fussent au moins l'équivalent des fleurs de lys capétiennes. L'aigle ? On avait l'aigle des Romains ; mais brodée, même en petit format, sur un manteau, l'aigle n'y produisait qu'un effet ridicule. Voyez-vous Joséphine, Hortense, ou la très belle Pauline Borghèse, elle-même, enveloppées d'oiseaux ? Ce serait pour le coup qu'on aurait à essuyer les critiques de Madame de Staël et les brocards des duchesses du faubourg Saint-Germain !

« Il y avait donc à imaginer autre chose. On se creusa la tête. Talleyrand, consulté, réfléchit. Quel est celui des insectes qui, au point de vue de la conquête, ressemble le plus à l'oiseau prédateur des Césars ? Eh ! pardieu, ça va de soi, c'est l'Abeille. Ne voit-on pas que, sans souci des principes de la propriété, elle se moque des haies, des murs, des frontières et qu'elle butine partout ? Ajoutez qu'elle enrichit son maître en ce qu'elle fait du miel avec la fleur d'autrui. Dites aussi qu'étant, comme le chante si bien Anacréon, un "petit serpent ailé", elle est très décorative. Sur ce, Louis David, le grand peintre, entendu à son tour, l'Abeille fut adoptée. Le manteau avait son ornement et son blason. »

L'année suivante, en 1901, le comte Alphonse O'Kelly de Galway commente ce texte : « Ce racontar, dit-il, que M. Audebrand a trouvé dans les brochures du temps est-il l'expression de la vérité ou seulement une légende faite après coup ? On l'ignore. »

*

L'abeille vole de triomphe en triomphe. Il lui arrive pourtant d'essuyer de loin en loin une déconvenue. Quelques années avant que Napoléon l'élève au rang de symbole d'Empire, la République avait déjà tenté de se l'annexer. Les représentants du peuple se creusaient la tête pour choisir un emblème. L'abeille est sélectionnée. Elle a des partisans. Un député vante ses mérites. Il décline ses agréments. Elle pourra servir de guide à cette France des citoyens et des vertus que les constitutionnels s'évertuent à édifier. Le discours est brillant. L'abeille doit figurer sur les bannières du peuple délivré.

Un autre député demande la parole. Il est probablement versé dans les sciences de la nature à moins qu'il ne soit producteur de miel. Il objecte. L'abeille risquerait de répandre de mauvais exemples. Dans la société des abeilles, explique le député, le pouvoir est absolu. Pour comble, il est exercé par une reine. Or une reine, la France en possède déjà une et elle s'apprête au surplus à lui couper le cou. L'abeille est recalée.

Le temps de la turbulence

Vivre en utopie serait-il monotone, fastidieux ou étouffant à la longue ? Toujours est-il que l'abeille, utopiste carabinée cependant, il arrive qu'elle largue les amarres et qu'elle jette son bonnet par-dessus les moulins. Elle en a assez de sa « maison de verre », de la « société de cristal ». Il lui faut une petite saison de malheur, d'enfer et d'aléatoire. Elle fait un tour dans les provinces de l'histoire. Elle quitte son île utopique et débarque sur le continent pour quelques heures, quelques jours. Elle s'en donne à cœur joie. Elle se gave de désordre.

Cette excursion est organisée à l'occasion de l'essaimage (qu'Aristote appelle « perte du nid » et Varron « émigration »), certains printemps, avant les miellées. Pour des raisons mal connues (vieillissement de la reine, croissance exagérée de la colonie), la ruche se coupe en deux. Les ouvrières savent ce qu'elles ont à faire. Elles façonnent une cellule particulière, plus vaste que les autres, et quand la reine après quelques simagrées aura déposé un œuf femelle dans cette alvéole, les ouvrières élèveront avec dévotion cette nouvelle reine en la bourrant de gelée royale, et puis la vieille reine s'envolera.

Les ouvrières, celles du moins qui restent attachées à leur vieille reine, se remplissent de miel pour tenir la route et quittent la ruche, dans laquelle elles ne reviendront jamais. « Adieu ! » Elles font escale dans une souche d'arbre, dans un buisson. Le temps de la turbulence commence. Des éclaireuses se détachent de l'essaim pour repérer un lieu convenable à la survie de celui-ci. Elles volent dans tous les sens, la liberté les enivre. Elles explorent des arbres, des trous, des cavités ou des ruches vides et reviennent. Elles font leur rapport. Une réunion a lieu. Plusieurs jours de conciliabules fiévreux suivent, avec danses et phéromones, après quoi une décision est adoptée par l'essaim et toutes les abeilles font mouvement vers leur nouvelle demeure.

Au cours de cette période transitoire, l'ordre immarcescible de la ruche est oublié. Quand l'essaim s'éloigne de son ancienne ruche, des milliers d'individus se précipitent aux trous de vol, une cohue, et ça se heurte et ça se cogne, ça se pousse et ça se tortille, ça se bouscule, ça va et ça vient, ça tangue comme une clique d'ivrognes, et ça se pousse, ça exécute des danses frénétiques. Les irréprochables hyménoptères mettent autant de zèle à fabriquer du chaos, de l'anarchie et de l'imprévisible qu'ils en manifestent d'ordinaire au service de l'ordre, de l'ennui, de la distinction et de la copie conforme.

L'apicultrice Sue Hubbell a gardé un souvenir extasié de ces moments où l'insecte le plus rationnel de la Création cède à la déraison, à l'improvisation, à l'émotion. Elle raconte l'arrivée d'un essaim : « Je travaillais tranquillement le long de la rangée de douze ruches dans un enclos lorsque je sentis mes cheveux se hérisser sur ma nuque. Levant la tête, je vis un nuage d'abeilles qui volait dans ma direction, venant du nord. … Elles arrivaient en masse, amorçant leur descente en tourbillon, puis décrivant des spirales autour de moi et de l'arbre. Je me retrouvai bientôt environnée par l'essaim des abeilles dont les palpitations d'ailes faisaient doucement vibrer l'air. Je ne sais combien de temps je suis restée ainsi. J'avais perdu tout sens du temps et j'éprouvais une sorte d'excitation, l'équivalent émotionnel chez un humain de l'effervescence printanière, jubilatoire, qui s'était emparée des abeilles. Je demeurais immobile, je n'étais rien d'autre pour les abeilles qu'un objet autour duquel elles tournoyaient pour atteindre l'endroit où elles avaient décidé, d'une façon que je ne pouvais connaître, de se grouper. Par ailleurs, je ne me sentais pas étrangère à elles et recevais toutes sortes de messages chargés de sens sur un mode intense totalement étranger au processus de la pensée et du langage des hommes. Ma peau frémissait, effleurée au passage par les abeilles, et j'avais presque la sensation de faire partie de l'essaim. »

Les abeilles emménagent ensuite dans le nouveau local que les éclaireuses ont repéré. « Il leur fallut environ vingt minutes pour entrer, les unes derrière les autres, la reine, une longue abeille élégante, fut la dernière à franchir le seuil. »

*

Voilà l'essaimage : pour quelques jours, l'insecte utopique quitte son éternité, se baigne voluptueusement dans les eaux écumantes du temps. Tous ceux qui ont assisté à l'essaimage sont bouleversés par cette soudaine fracture dans les jours et les manières de l'abeille. On croirait qu'une lucarne s'ouvre dans les monotonies de la ruche. Pour un bref instant, des paysages aussi beaux que le chaos étincellent, et puis la lucarne se referme et l'ennui des jours recommencés reprend le pouvoir. Après sa brève vacance, l'abeille se remet à son établi. Elle a remplacé une utopie, celle de la ruche première, par une autre utopie, celle de la nouvelle colonie qui obéira aux mêmes protocoles immuables que la précédente. Adieu, folles journées déjà fanées !

Brunetto Latini

Au Moyen Âge, Brunetto Latini, que Dante admire au point de lui dédier le chant XV de *La Divine Comédie*, célèbre l'abeille. Il contredit Platon sur plusieurs points. Alors que le Grec louait les abeilles d'avoir abdiqué toute indépendance et tout libre arbitre, de manière à devenir simple rouage de la mécanique sociale, Latini assure que l'abeille est « entièrement libre » mais qu'elle s'ampute volontairement de cette liberté pour se ranger aux désirs, non pas de *l'organisation* comme chez Platon, mais du « roi » (de la reine, dirions-nous aujourd'hui). Avec deux siècles d'avance, Latini illustre le beau titre du livre de La Boétie, l'ami de Montaigne, *De la servitude volontaire*.

« Les abeilles, dit Latini, établissent une hiérarchie dans leur peuple. Elles marquent une distinction entre menu peuple et communauté des bourgeois. Elles choisissent leur roi et celui-ci, maintenant désigné, devient leur seigneur à toutes. C'est celui qui est le plus grand, le plus beau et de meilleure vie. Pourtant, et même s'il est roi, les autres abeilles demeurent entièrement libres et jouissent de tous les pouvoirs. Mais la bonne volonté que la nature leur a donnée les rend aimables et obéissantes à leur seigneur. Les abeilles aiment leur roi de si bon cœur et avec une telle fidélité, qu'elles pensent qu'il est bon de mourir pour le protéger et le défendre. »

Nietzsche fait écho à ce texte : « Qui voudra encore gouverner ? dit Zarathoustra. Qui donc voudra obéir ? L'un et l'autre sont trop pénibles. Pas de berger et un seul troupeau. Tous voudront la même chose pour tous, seront égaux. Quiconque sera d'un sentiment différent entrera volontairement à l'asile des fous. »

*

L'abeille continue à fournir des thèmes aux théoriciens de la politique. Francis Bacon, au XVIIIe siècle, la félicite car elle ajoute les talents de la fourmi à ceux de l'araignée. Au début du XIXe siècle, le comte de Saint-Simon mobilise à son tour l'hyménoptère pour illustrer sa philosophie industrielle. En 1820, il écrit la parabole des abeilles et des frelons. Il y prend la défense des *abeilles* qui sont travailleuses, rationnelles et morales. Il dénonce les groupes d'oisifs et de jean-foutre, les *frelons*, qui passent leur temps à embêter les *abeilles*. Sa parabole des frelons fit de la peine aux princes, courtisans, majordomes et inutiles qui géraient alors la France, au point que Saint-Simon fut traîné en cour d'assises. Il ne l'avait pas volé :

« Si la France, avait-il écrit, perdait brusquement ses cinquante premiers chimistes, ses cinquante premiers physiologistes, ses cinquante premiers mathématiciens, ses cinquante premiers poètes, ses maîtres de forge et ses quincailliers, en somme toutes ses abeilles, alors, la nation deviendrait un corps sans âme. En un instant. Au contraire, supposons que s'évaporent Monsieur, frère du roi, Monseigneur le duc d'Angoulême, Monseigneur le duc de Berry, tous les grands de la Couronne, et tous les "frelons", les maréchaux, les ministres et les préfets, le pays ne s'en apercevrait pas même. Ses prospérités seraient intactes. »

*

L'abeille poursuit sa carrière. Elle continue de servir de modèle aux politologues, aux échevins et aux experts comptables. Elle sert de boussole aux études politiques. Karl Marx la fourre dans *Le Capital*. Il note que, pour construire des cellules régulières, le meilleur des architectes ne saurait rivaliser avec la plus gourde des abeilles. Il reconnaît cependant, comme Aristote l'avait fait, que l'abeille « n'est pas une tête politique ». Si elle est bonne en géométrie et en organisation du travail, elle n'y est pour rien. Elle ne le fait pas exprès. Aristote déplorait que l'abeille n'ait pas de langage. Marx lui reproche de ne pas réfléchir. Au contraire, dit-il, « l'architecte construit son ouvrage dans sa tête avant de l'exécuter ».

*

Poète et cervelle politique en même temps, Chateaubriand ne pouvait pas manquer l'abeille. Il explique que les colonies d'apis mellifica forment le « peloton avancé » de la civilisation quand elles se mêlent aux « tribus » d'abeilles amérindiennes. « Tous ces végétaux, dit-il dans les *Mémoires d'outre-tombe*, nourrissent de brillants insectes. Ceux-ci ont reçu dans leurs tribus notre mouche à miel qui est venue à la découverte de ces savanes et de ces forêts embaumées dont on racontait tant de merveilles. On a remarqué que les colons sont souvent précédés dans les bois du Kentucky et du Tennessee par des abeilles : avant-garde des laboureurs, elles sont le symbole de l'industrie et de la civilisation qu'elles annoncent. Étrangères à l'Amérique, arrivées à la suite des voiles de Colomb, ces conquérantes pacifiques n'ont ravi à un Nouveau Monde de fleurs que des trésors dont les indigènes ignoraient l'usage : elles ne se sont servies de ces trésors que pour enrichir le sol dont elles les avaient tirés. Qu'il faudrait se féliciter si toutes les conquêtes ressemblaient à celles de ces filles du ciel. »

Comment filer avec plus de constance et de joliesse la métaphore de l'abeille (européenne, civilisée) débarquée en Amérique pour dispenser les bonheurs de la société à des « tribus » d'abeilles indigènes qui ne savaient même pas reconnaître les « trésors » cachés dans leurs apanages. Chateaubriand ne nous épargne rien, même pas les réactions stupides que l'armée pacifique de la civilisation provoque chez les insectes indigènes :

« Les abeilles ont pourtant eu à repousser des myriades de moustiques et de maringouins qui attaquaient leurs essaims dans le tronc des arbres ; leur génie a triomphé de ces envieux, méchants et laids ennemis. Les abeilles ont été reconnues reines du désert et leur monarchie représentative s'est établie dans les bois auprès de la république de Washington. »

Sur les braves abeilles européennes venues en Amérique pour dispenser les bonheurs de la civilisation, Gustave Aimard reproduira bientôt, avec moins de génie, les intuitions de Chateaubriand. « Vous savez, écrit-il en 1858, que les abeilles ont été apportées en Amérique par les Blancs… Elles sont les sentinelles avancées des Blancs. Au fur et à mesure que les Blancs s'enfoncent dans l'intérieur de l'Amérique, les abeilles partent en avant pour leur trouver la route et leur indiquer les défrichements. »

*

Chateaubriand est moins borné que ses prédécesseurs, d'Aristote à Latini, qui voyaient dans la ruche le modèle des sociétés tyranniques auxquelles ils faisaient allégeance dans le fond de leur tête. Le vicomte s'efforce d'abord de décrypter la ruche comme « monarchie tempérée » (constitutionnelle ?).

Avec les années, il finit par se rallier à une opinion plus raisonnable. Il reconnaît que la ruche n'est pas une monarchie tempérée comme il avait d'abord voulu la lire, mais bien une « utopie ». Mieux : au contraire de Platon ou de Latini, il opine que l'utopie de la ruche, si on l'imposait aux hommes, serait une calamité. Voici ce qu'il écrit en 1834 dans un article sur « L'avenir du monde », dans la *Revue des deux mondes*. Ce texte, fort peu connu, fait de Chateaubriand un précurseur de George Orwell et de son *1984* :

« Vraisemblablement l'espèce humaine s'agrandira mais il est à craindre que l'homme ne diminue, que quelques facultés éminentes du génie ne se perdent, que l'imagination, la poésie, les arts ne meurent dans les trous d'une société-ruche où chaque individu ne sera qu'abeille, une roue dans la machine, un atome dans la matière organisée. »

La fable des abeilles

Dans la symphonie des enthousiasmes que l'abeille soulève chez les philosophes et les théoriciens politiques, sonne une fausse note. En 1705, le Hollandais Bernard Mandeville, qui exerce le métier d'avocat en Angleterre, publie *La Ruche murmurante ou les Fripons devenus honnêtes gens*, alias *La Fable des abeilles*. Comme Platon, comme Aristote et comme tous ses collègues politologues, il place l'abeille au cœur de sa réflexion, mais il innove. Loin de faire de la ruche une peinture idyllique, il la voit comme un camp de concentration. Il n'aime pas l'abeille. Il convient que cet insecte est pétri de vertus mais justement, Mandeville, la vertu, il n'en est pas épris. Même, il la tient pour une peste. À ses yeux, un État parfait, un État organisé comme une ruche, un État sans ombres ni salissures, sans crasse ni superflu, sans paresse ni gaspillage, serait un État épouvantable et voué à la mort. Si la ruche a sa place dans la réflexion politique de Mandeville, c'est comme repoussoir, non comme séduction.

Mandeville fait reproche à l'abeille de ses perfections. Ses contemporains s'indignent. Ils se demandent si ce Hollandais a bien sa tête. Ils traitent ses analyses comme des billevesées immorales, scandaleuses, athéistes, perverses, anarchistes et dangereuses. C'est que Mandeville était en avance sur les philosophes des Lumières. Il avait la vue longue. Il pressentait probablement que les sociétés de l'avenir – par exemple les nôtres, celles du troisième millénaire – seraient, comme les ruches, régies par le principe de précaution, le puritanisme, la robotique, l'informatique, l'uniformisation, l'hygiène, l'ordre et non la volupté, le rentable et non l'inutile, l'obligatoire et non l'aléatoire, l'horloge et non le temps perdu, le GPS et non l'égarement, et pareille perspective faisait son effroi.

Nous comprenons aujourd'hui le prophétisme de Mandeville : c'est justement dans la mesure où nos sociétés du troisième millénaire, asservies à la science, à Internet, à l'hygiène, à la morale et aux caméras cachées, cherchent à rivaliser en perfection avec la ruche, que *La Fable des abeilles* de Mandeville dévoile aujourd'hui son génie d'abord inaperçu et sa salubrité.

*

La fable de Mandeville est publiée en 1705. La ruche qu'elle décrit figure l'Angleterre du début du XVIIIe siècle. Elle est active, confortable et luxueuse.

Tous les métiers concourent à sa prospérité. Pourtant, à considérer les citoyens qui s'affairent dans la maison commune, on découvre beaucoup de fainéants, de fumistes et de déviants. La ruche de Mandeville, comme la société anglaise de ce temps, est solide et élégante, bien conçue, efficace, harmonieuse et productive, heureuse même, mais la vertu n'est pas son fort. Il y a du gaspillage, des détournements, de l'inutile, des voyous. La ruche de Mandeville compose avec le mal et, de ce mal, elle fait son miel : « Escrocs, aigrefins, pique-assiette, proxénètes, joueurs, voleurs à la tire, faux-monnayeurs, charlatans, filous et devins y prospèrent... L'envie et la vanité étaient ministres de l'industrie. »

Loin de déplorer ces vices et ces tares, Mandeville les voit au contraire comme cause, condition et effet de la prospérité : « Chaque partie de la ruche était pleine de vices. L'ensemble formait un paradis... Jamais abeilles ne furent mieux gouvernées. » Pour Mandeville, « tout est pour le mieux dans le plus mauvais des mondes ». La plupart des citoyens sont malhonnêtes, mais gais, voluptueux et actifs, jouisseurs. Ils consomment par plaisir et pas seulement pour leur survie. Ils ont des foucades, des pulsions, ils perdent leur temps, ils chapardent, ils bâillent aux corneilles, ils aiment l'inutile, ils s'aiment et se détestent les uns les autres, voilà pourquoi leur société est prospère.

Cependant, la ruche contient aussi des citoyens honnêtes, des gens bornés, des mathématiciens, des vertueux, des rationnels, des puritains qui, un beau jour, décident de faire barrage au stupre, aux désordres, au gaspillage, à l'inutile. L'immoralité de la ruche les révulse. Ils trouvent scandaleux que tant de vices rassemblés composent du bonheur. Aussi lancent-ils un programme de réformes. « Raides comme des bonnets carrés et talons bas, coiffés de chapeaux sans boucle ni satin », les « Grands Réformateurs » imposent un programme de salubrité morale et un plan anticorruption. « Transparence ! » hurlent-ils à tous les carrefours. Les abeilles bien pensantes exterminent les abeilles perverses, jouisseuses, distraites ou cyniques. Jupiter, ébranlé par les arguments des « Grands Réformateurs », s'associe à leur campagne de moralisation. Il tonne. Il va « débarrasser de cette ruche bavarde tous les malhonnêtes ». Exécution ! Chacun revient à son boulot, dans sa cellule, accomplit la tâche qui lui est impartie, respecte son prochain, cesse de rêver, de forniquer ou de perdre son temps, délaisse les voluptés, renonce à escroquer son voisin et fait la paix avec son âme. La ruche est purgée du mal. La vertu triomphe.

Et c'est la débandade : « En une demi-heure, dans le pays entier, le prix des denrées s'effondre. Le barreau devient silencieux, les prisons se vident, les fonctionnaires se contentent de leur traitement et un seul homme fait le travail de trois personnes. L'industrie du bâtiment est ruinée totalement. »

Les cabarets font faillite. Les avocats perdent leur boulot. Les juges ne servent plus à rien. Les restaurants, les lieux de plaisir baissent le rideau. Les prostituées s'ennuient. Les gardiens de prison sont au chômage. Les huissiers de justice se réveillent sur la paille. On coupe toutes les dépenses inutiles. On n'envoie plus de soldats à l'étranger. On ferme les châteaux, on ne donne plus de fêtes. Dans toute la province, on ne trouve plus de minutes, ni même de secondes, sans emploi. Les peintres et les sculpteurs n'ont plus d'usage. Les poètes dépérissent. L'inutile disparaît.

Les ruches voisines apprennent que la ruche désormais vertueuse est affaiblie. Elles en profitent. Elles attaquent. La ruche, à présent qu'elle est chaste, pure et honnête, manque de mauvais sujets, de bandits et de cyniques, de mercenaires, de parachutistes et de têtes brûlées, et elle ne soutient pas le choc. Elle est écrabouillée. Les abeilles survivantes s'enfuient. Elles partent à l'aventure, se réfugient dans le creux d'un arbre. L'État est mort. La pureté, la raison et l'honnêteté l'ont tué. Vive l'anarchie, le désordre, le superflu et un brin de crasse.

*

Les contemporains de Mandeville détestent cette fable. Elle les menace. Elle vante l'irrationnel, le superflu, la jouissance et l'inutile. Elle est d'un visionnaire.

Mandeville préfigure certaines analyses du grand économiste anglais du début du XXe siècle, John Maynard
Keynes. Il annonce aussi le plus violent penseur de notre
temps, Georges Bataille, qui, dans deux livres majeurs,
La Notion de dépense et *La Part maudite*, fait reposer le
fonctionnement de l'économie non pas sur la création
de richesses mais sur la dilapidation de richesses. « Une
société, dit Bataille, ne se définit pas seulement par la
façon dont elle produit des richesses mais surtout par
la façon dont elle dépense l'excédent de ces richesses. »
Georges Bataille illustre son idée par des exemples historiques impressionnants : le sacrifice antique ou océa-
nien, la guerre, les dépenses somptuaires, le vice sexuel,
le potlatch, la prière des couvents du Tibet ou du
Moyen Âge, voilà des exemples de « pertes », d'inutile,
voilà du « superflu » que la ruche et sa rationalité
mettent hors la loi mais que les abeilles un peu déjantées
de Mandeville produisent au contraire allègrement et
consomment.

Georges Bataille frappe d'un même anathème les
sociétés capitalistes ou communistes, qui réduisent
l'homme à son statut d'*homo economicus*, qui accordent
à la « valeur travail » la primauté absolue sur toutes les
autres valeurs, au détriment de ces produits invisibles ou
détestés que sont la perte, le gaspillage, l'éphémère, le
tendre, le somptuaire, l'inutile, l'illogique. Bataille est un
extrémiste : il ne se borne pas à préconiser la dépense,

l'inutile, la perte. Il faut encore que cette « dépense » soit pure, et non une « dépense » dont on espérerait qu'elle pourrait être à l'origine d'un gain ou d'un bénéfice. La dépense, vous dis-je, l'inutile !

Les abeilles des ruches (mais non les abeilles des prairies, comme nous le verrons bientôt) sont pareilles à l'*homo economicus* que Bataille réprouve. Pas un geste inutile. Pas un bourdonnement sans récépissé, pas un battement d'aile non prévu dans le « plan », pas un repos en douce, pas de dépense vaine, pas un effort non rentable, pas de deuil, pas de crasse et pas de luxe. Pas une minute en goguette. Pas une seconde perdue. Pas de chagrin, ça gaspille du temps ! Pas de hasard et pas de larmes ! L'horreur. Et la copulation ? Et le sexe ? Et les déviations érotiques ? Ah ! ça tombe bien ! Les abeilles sont si peu voluptueuses qu'elles ne possèdent même pas les organes de l'amour. Un beau souci de moins ! Dieu fait bien les ruches.

Abeilles de verre

L'abeille réapparaît en gloire dans le roman d'Ernst Jünger, *Les Abeilles de verre*. Ce texte recense et passe à l'étamine toutes les vertus que la pensée politique a décelées dans la ruche et ses habitants. Et n'en retient que l'horreur.

Un créateur d'automates, Zapparoni, s'il admire l'économie de la ruche et la convenance de ses programmes, forme le projet de rivaliser avec les talents de l'insecte, de forger des artefacts aussi rigoureux que les abeilles naturelles. Zapparoni est un ouvrier habile. Il atteint son but. Les objets qu'il usine ne se distinguent pas des abeilles naturelles. Ils pourront s'introduire dans la cité des hommes et personne ne repérera ces imposteurs. « L'abeille de verre » n'est pas un monstre, comme le fut la créature de Frankenstein. Elle se confond avec l'abeille banale. C'est en ce sens que Zapparoni est un *diabolique*. Il remanie l'être même de la création : il efface la frontière qui court entre la nature et l'artefact.

Mais Zapparoni est un démiurge, un insatiable, un Prométhée. Zapparoni est un Titan. Bientôt, il ne lui suffit plus de manufacturer des abeilles identiques aux abeilles naturelles. Il va faire mieux. Il améliore l'ouvrage de Dieu. Par sa mécanique, il corrige les abeilles, débarrasse celles-ci des adhérences de nature, d'affect, de fantaisie qui les enveloppent encore et leur interdisent d'être des citoyens irréprochables.

En somme, et même si Jünger ne cite pas Mandeville, Zapparoni part en guerre, à sa manière, contre ces abeilles déviantes, paresseuses, étourdies ou capricieuses que les abeilles vertueuses de *La Fable des abeilles* de Mandeville avaient entrepris bien imprudemment de réformer. Plus mystérieusement, il est persuadé que les abeilles réelles, celles de la ruche, qui passent ordinairement, aux yeux de Platon ou d'Aristote, pour des robots nettoyés de toutes pulsions, sont en réalité, au regard exercé de Zapparoni, engluées dans du viscéral, du gluant, de l'affect, de l'organique.

Zapparoni nous entraîne vers un très grand large et des mers périlleuses. Il va purger les insectes les plus rationnels de la planète des vestiges d'irrationnel, de sensibilité, d'émotion, de folie, de sensualité ou de tendresse que Dieu, étourdiment, a laissé perdurer dans ses abeilles. Zapparoni déverrouille des portes d'airain que nul n'avait poussées avant lui, même pas les fabricants d'automates tels Vaucanson, même pas les philosophes utopistes les plus furieux comme Platon ou Thomas More, et ni les inventeurs de songes et de romans fantastiques.

Zapparoni est un rationnel sans frein, c'est-à-dire un forcené. Il considère que l'insecte social par excellence, l'abeille, est un jean-foutre, une anarchiste, une rigolote sujette à l'erreur et à la fausse route. Cet hyménoptère, réputé sérieux, Zapparoni le voit frivole, mal élevé, tricheur et imprévisible. Zapparoni va le rectifier, le protéger de ses inclinations. Il veut fomenter un univers si propre, si bien dépouillé de ses tentations de chaos, que les insectes sociaux seront perçus pour ce qu'ils sont en vérité : des funambules, des affectifs, des anarchistes. Il les marque d'infamie. Il les trouve sales, fantaisistes et pouilleux. Il ne voit en eux ni dignité ni rectitude ni honneur. Le remède : mettre au monde des abeilles mathématiques, les *abeilles de verre*.

Le délirant fabricant d'automates construit alors une ruche idéale, une ruche de verre vidée de ses pestes, une ruche « utopisée », une « utopie de cette utopie qu'est déjà la ruche naturelle », et dont les occupants, les « abeilles de verre », ouvrées par le génie humain et non par celui de Dieu, seront délivrés des maigres traits de passion, de déraison ou de jouissance que le Créateur a oublié d'expulser de la ruche naturelle quand il en a dessiné le plan.

À quoi ressemble la ruche mathématique ? « Il n'y avait là, rapporte Ernst Jünger, ni petites, ni grandes cellules, ni aucun dispositif qui eût trait à la différence des sexes, comme d'ailleurs tout ce trafic rayonnait d'un éclat sans défauts mais dépourvu de tout érotisme. On ne voyait ni œufs, ni nurseries pour les larves, ni faux bourdons, ni reine (...). En cela comme en d'autres points, Zapparoni avait simplifié la nature qui tente déjà, dans le massacre des faux bourdons, l'ébauche d'une économie. Dès l'abord, il n'avait mis en circulation ni mâles, ni femelles, ni nourrices... »

Zapparoni est un extrémiste : embarqué dans son entreprise avec la simple envie de faire aussi bien que la nature, il est vite dévoré par son propre projet. Désormais, il ne songe plus à reproduire à l'identique l'abeille naturelle. Il dépasse et presque annule la nature. Il a commencé par copier ses dessins. À présent, il fournit à la nature un modèle dont l'abeille de nos ruches n'est que la balbutiante esquisse. Avec Zapparoni, la copie, c'est-à-dire *l'abeille de verre*, est devenue le modèle. Et celle qui passait jusqu'à Zapparoni pour le modèle, c'est-à-dire l'abeille naturelle, n'est que la maladroite tentative effectuée par Dieu pour copier l'objet inexistant qu'est « l'abeille de verre ». Zapparoni est un démiurge : de même qu'il inverse les relations entre l'abeille primitive et l'abeille artificielle, il change les places qu'occupent Dieu et l'homme. Dieu est un maladroit. Il a raté sa Création. L'homme prend le relais. Il devient le Créateur.

*

Aujourd'hui apparaissent des Zapparoni. Grâce à la maladie dont meurent les abeilles, de puissants laboratoires forgent des « abeilles de verre » en vue de polliniser les fleurs du monde. Aux États-Unis, le Harvard Microbotics Lab a usiné un drone infime, le RoboBee, qui vole comme un avion téléguidé. Pourtant, le robot, une fois trouvée la fleur, ne sait que faire de cette fleur. Il est incapable de collecter le pollen.

En Pologne, la Faculté de mécanique, d'énergie et d'aviation (MEL) forge un drone lilliputien équipé de minibrossettes et capable de réaliser une pollinisation mécanique. Malheureusement, ce robot est très sensible. Il ne peut fonctionner que par temps calme, très calme. Le plus faible des aquilons, le plus fatigué des zéphyrs, trouble ses engrenages. Aussi, dans un premier temps, l'abeille de verre polonaise travaillera-t-elle seulement en serre.

Un demi-siècle aura suffi aux ingénieurs pour donner forme à l'utopie épouvantable imaginée par Ernst Jünger.

L'âne d'or

Les poètes sont moins méchants que la sagesse des nations. Ils consolent l'âne. Leur discours annule la sottise des proverbes. Sur le bourricot, ils portent des jugements lucides, tendres, équitables et souvent admiratifs. Ils ont envie de dire la vérité, non de faire les malins. Les musiciens sont moins enthousiastes, mais il faut se mettre à leur place : le cri de l'âne, le braiment, est un désastre.

Neuf cents ans avant notre ère, l'âne s'introduit dans la littérature. Homère narre la guerre de Troie. Les Grecs combattent vaillamment. Un de leurs chefs, Ajax (le grand Ajax, fils de Talamon, non le petit Ajax), est cerné par les Troyens et navré de flèches. Comme il garde son calme, Homère le compare d'abord à un lion, que les paysans s'efforcent de chasser, et ensuite à un âne, que les enfants battent pour le faire avancer. À la même époque, une fable racontait un autre moment de la même guerre de Troie et l'âne y faisait petite figure. Ajax aurait été frappé d'hubris, un coup de folie, et aurait attaqué les soldats de sa propre armée. Zeus en fut irrité. Il transforma le grand Ajax en âne.

Ces deux épisodes ne sont pas flatteurs. Mais l'âne ne fait pas la petite bouche. Bien sûr, il eût préféré qu'Homère utilisât, pour faire tomber la ville de Priam, un « âne de Troie » à la place d'un « cheval de Troie ». Mais le bourricot est une bête réservée, intelligente et patiente. Il connaît ses insuffisances. Même s'il pense qu'Homère est un peu sévère, il n'en revient pas d'avoir attiré son attention, lui, le pelé, le galeux, alors que tous les chefs achéens se déplacent dans des chars attelés de deux et parfois trois chevaux mirobolants. L'âne convient qu'il ne peut pas rivaliser avec de telles cavales. Il trouve inespéré d'avoir droit à un strapontin dans le premier convoi de la poésie mondiale, et tant pis s'il doit y occuper la position de l'humilié et de l'offensé. Il en a l'habitude. Il essaiera de se faire attribuer plus tard une place plus confortable.

La littérature latine suit. Dans les *Métamorphoses* ou *L'Âne d'or*, Apulée nous apprend qu'un jeune homme très beau et très charmeur, Lucas, a été transformé en âne par l'effet d'une sorcellerie et qu'il ne pourra retrouver sa forme première que s'il mange des roses, autant dire « quand les poules auront des dents », puisque les hommes ont accoutumé les ânes à mâcher des chardons, des ronces, et à se détourner des roses. Mais Lucas, à présent qu'il est un âne, est devenu têtu et subtil. Il manœuvre pour rencontrer le prêtre de la déesse Isis. Il s'approche de lui car ce prêtre porte des roses à la main. Il grignote ces roses. Fin du sortilège.

À la Renaissance, le philosophe Giordano Bruno, qui sera brûlé pour hérésie en 1600, et qui est un des plus grands penseurs de son temps, fait de l'âne un modèle d'esprit et d'érudition. Érasme dit : « Même parmi les bêtes, Jésus préfère celles qui s'éloignent le plus de la prudence du renard. Aussi choisit-il l'âne pour monture quand il aurait pu, s'il l'avait voulu, cheminer sur le dos d'un lion. » En France, Charles Perrault écrit « Peau d'âne ».

La Fontaine fait une grande consommation d'ânes. Dans ses fables, les baudets sont plus nombreux et plus rigolos que les chevaux. Comme La Fontaine est un écrivain espiègle, il se moque parfois de l'âne, mais tendrement. Par exemple, il lui donne le nom d'Aliboron, déformation d'al Biruni, qui était un mathématicien persan de génie, écrivit onze livres de trigonométrie et annonça que la terre est ronde, six siècles avant que Galilée le remarque. Il va de soi que La Fontaine colle le nom du grand savant à l'âne par dérision, sans méchanceté cependant.

Victor Hugo ne pouvait pas rater l'âne. Au début de sa vie, il avait dit : « J'aime l'araignée et j'aime l'ortie parce qu'on les hait. » À la fin de sa vie, il se porte au secours d'une autre victime des hommes. Il célèbre l'âne. Il met un tas de vers sur l'âne. Cela fait un poème immense et nul qui pourrait s'appeler : « L'âne chargé d'alexandrins ». Rien à en retenir, sauf un vers dont on ne sait pas ce qu'il fabrique dans cette monumentale niaiserie : « Les oreilles de l'âne auront raison dans l'ombre. » Ce vers est magnifique. Il est digne de Victor Hugo. On ne sait pas ce qu'il veut dire.

Comme Homère et Apulée, le cinéma, dès ses premiers balbutiements, fait de l'âne un de ses héros. Entre 1911 et 1913, Louis Feuillade tourne *Bébé et son âne*, Max Linder *Max et son âne*, et Jean Durand *Onésime et son âne*. L'âne triomphe. Ensuite, il se calme et les chevaux, grâce au western, pullulent sur les écrans, mais, en 1966, Robert Bresson, quelques années après avoir réalisé *Procès de Jeanne d'Arc*, raconte, dans *Au hasard Balthazar*, le calvaire d'un âne qui meurt de mauvais traitements, de chagrin. Malheureusement, John Ford préfère hisser ses cow-boys sur des alezans, et pourtant, une charge de « la brigade légère » sur un troupeau d'ânes, cela eût fait date.

*

Avant la guerre, le sculpteur Lambert-Rucki façonnait des ânes de plâtre et de fer. Alexandre Vialatte dit : « Lambert était le plus doux des pacifistes. C'est pourquoi il sculptait des ânes car les ânes sont les plus paisibles des animaux… Les ânes de Lambert sont tout plats, tels des figures géométriques. Leur humilité franciscaine, leur simplicité schématique et leur drôlerie les résument… Leur âme s'exprime dans leurs oreilles et leurs jambes trop longues. Elle n'entend pas les voix du siècle. Elle vient de trop loin. Peut-être même de Jérusalem. À qui ferait-on croire qu'il leur manque la parole ? »

*

Les écrivains emploient beaucoup d'ânes, surtout les picaresques. Laurence Sterne et Miguel Cervantès posent leurs personnages sur un bourricot. Sterne est un ecclésiastique anglais, ce qui n'est pas surprenant car l'âne fut longtemps le véhicule préféré des patriarches juifs, des juges de la Bible, des moines et des curés. L'âne était la « Deudeuche », la 2 CV Citroën, des ecclésiastiques de ce temps, soit qu'il fût moins onéreux que le cheval, soit que les prêtres goûtent sa modestie, soit enfin que les curés de campagne soient influencés par le rôle que joua l'âne dans la crèche.

*

Deux siècles avant Laurence Sterne et son Tristam Shandy, Cervantès enrôle dans sa troupe un cheval et un âne. Le cheval a le premier rôle car don Quichotte est un hidalgo. Il ne saurait humilier sa grandeur en s'asseyant sur un bourricot. Au contraire, le serviteur de don Quichotte, le gros Sancho Pança, a droit à un âne. La leçon de ces choix est claire : la gloire convient au cheval qui piaffe sous les maigres fesses jaunes du chevalier errant, alors que l'âne n'a droit qu'à un maître subalterne et ridicule, un gros bonhomme dont le nom, Pança (la panse), fait allusion à sa goinfrerie ou au goût qu'il a du vin. L'âne est grossier. Son maître est grossier. L'âne est le valet du valet. Il en a l'habitude. Cervantès l'installe à sa juste place.

Cependant, cette leçon est compliquée. En réalité, le grandiose cheval du Quichotte est une nullité, un pas grand-chose de cheval. Il est squelettique, podagre et pleutre, le contraire d'un chevalier. Il a un drôle de nom, Rossinante. Si on dévisse ce nom, on trouve peut-être le radical « roussin », qui désigne un cheval minable ou un âne. Ce radical est accompagné du suffixe « ante » (avant) pour signifier probablement que Rossinante fut jadis un « roussin », monté en graine jusqu'à devenir un cheval aristocratique, un « âne » de luxe. (Certains disent que le suffixe « ante » signifie plutôt « andante », de sorte que le nom Rossinante voudrait alors dire : « Un roussin toujours en mouvement », comme bouge sans cesse son maître, le « chevalier errant ».)

Si l'on considère à présent le nom de la monture de Sancho Pança, les choses se compliquent. C'est un âne sans nom. On croit parfois qu'il répond au nom de *raucio* ou *rucio*. Mais *raucio* n'est pas un nom propre. Le r de *raucio* est une minuscule, non une majuscule, alors que Rossinante a droit a un grand R. *Rucio* ou *raucio* désigne affectueusement une «vieille rosse», un vieux *roussin*. Or nous venons de voir que le mot *roussin* est une partie du nom Rossinante, manière de dire que les destins de Rossinante et du roussin, du destrier et du bourricot, sont entortillés ensemble, emboîtés l'un dans l'autre, comme le sont don Quichotte et Sancho Pança, la gloire et l'infortune, le panache et le ridicule, le maigre et le gros, la vérité et l'invention, le moderne et l'ancien, au point que parfois les personnages échangent leurs places, le noble don Quichotte sombrant dans le ridicule alors que le ridicule Sancho Pança montre noblesse, résolution, sagesse et panache.

À la fin de l'épopée, don Quichotte demeure un vieil illuminé, un ringard incapable de comprendre que le temps a tourné et que l'époque des chevaliers, des châteaux et des dames est forclose, alors que Sancho Pança, quand il regagne son village, y est acclamé en héros. Et il gouverne sagement «l'île de terre ferme» dont il est nommé prince.

*

Cervantès sait qu'une différence radicale sépare le cheval de l'âne. L'un possède un nom et l'autre en est privé. Le destrier du Quichotte, aussi médiocre et squelettique soit-il, a un nom propre, Rossinante, alors que l'âne de Sancho Pança est un âne sans nom. À peine mérite-t-il un nom commun, peut-être même un adjectif, *rucio* ou *raucio*. C'est une créature anonyme, sans généalogie, sans antécédents et sans descendants, sans survie. Une créature qui n'a pas su se ménager une place dans l'Histoire, même si l'Histoire en a fait son valet, son manouvrier et son souffre-douleur. Jamais l'âne de Sancho Pança ne figurera dans une galerie d'ancêtres alors que Rossinante, aussi heurtées que soient ses allures, porte un nom. Rossinante a une identité et une lignée. Par conséquent une survie. Un jour, son effigie sera exposée dans la salle de réception d'un palais ou d'un château. Elle se nichera dans les branches d'un arbre généalogique. Sauvée ! Elle ne disparaîtra pas au fond du néant. Elle se blottira dans la mémoire universelle. Elle disposera d'un petit logis dans le récit des hommes. Elle possède un passé, un présent et un avenir. L'âne non. A-t-il un pedigree ? une mère ? un père ? Non. Les ânes sont des êtres sans identité. Au contraire, le cheval Rossinante est un être historique. L'âne n'est qu'un âne. La sagesse des nations le sait : « Il y a plus d'un âne à la foire qui s'appelle Martin. »

*

Deux autres ânes, l'un et l'autre méritants, redoublent ces leçons : l'ânesse de Stevenson, l'espiègle et l'imprévisible Modestine, sur le dos de laquelle l'écrivain écossais fit une balade mémorable dans les Cévennes, entre Monastier et Nîmes, en l'année 1873, et Platero, l'âne andalou qui a reçu le prix Nobel de littérature en 1956 sous le pseudonyme de Juan Ramón Jiménez. Deux ânes illustres, mais, comme le *raucio* de Sancho Pança, ils sont eux aussi privés de nom. Celui de Stevenson, au lieu de jouir d'un nom propre, est affublé d'un adjectif de qualité (Modestine). Celui de Juan Ramón Jiménez porte un nom de couleur, *plata*, c'est-à-dire gris argenté. Deux « ânes sans nom », comme le sont tous les ânes, même si ces deux-là ont produit grâce à Stevenson et à Jiménez des chefs-d'œuvre littéraires.

*

De l'âne Platero, José Ortega y Gasset écrit : « Je ne peux voir ces bourricots si rudes, si *castiços*, si archaïques, sans penser qu'ils ont presque réalisé le songe du grand Ramón Jiménez, quand celui-ci préparait l'édition illustrée de *Platero et moi* – livre merveilleux, simple et raffiné en même temps, humble et rayonnant, qui devrait être le prix pour les enfants dans toutes les écoles d'Espagne si notre État n'était pas si grossier, si nul. L'illustrateur n'était pas parvenu à dessiner l'âne qu'avait rêvé le poète et celui-ci, amer, se plaignit et lui demanda de faire un bourricot délicat, fin, gracieux. "Je veux un âne de cristal", dit Juan Ramón au dessinateur découragé. Très bien. Les bourricots si rudes sont presque des bourricots de cristal. Ils donnent envie de les voir dans ces terres pierreuses de la Sierra Ministra, Luedes, Barcones, où seuls poussent la brebis et le chardon, ultimes habitants de l'inhabitable.»

*

Dans les plantations du Nouveau Monde, les esclaves noirs n'ont pas de nom. Quand l'empereur du Brésil Don Pedro II ou plutôt sa fille Isabelle les affranchit, en 1888, le gouvernement se dit qu'il faut les munir d'un état civil en grande hâte. Les fonctionnaires de l'état civil s'y consacrent. Ils sont débordés. Ils façonnent à la va-vite des noms de famille, souvent prélevés dans la nature, et ils les distribuent en gros, au hasard, ce qui explique la fréquence, dans le Brésil d'aujourd'hui, des Da Silva, Da Costa, etc. Ce sont des noms d'ânes, des noms sans généalogie. Les esclaves libérés ne sont pas trop étonnés. Ils sont comme les ânes. Ils ont l'habitude d'être spoliés de leur identité : deux siècles, trois siècles plus tôt, un ancêtre nègre dont ils ignorent tout avait été arraché à l'Afrique, à son continent, à son village, séparé de sa famille, amputé de sa langue et jeté dans une plantation de canne à sucre. Pas de famille et pas de lignée, pas de nom et pas de souvenirs, ni passé ni avenir, à peine un présent, l'esclave est un objet de l'histoire, non un sujet. Forçat de l'histoire, il est expulsé de l'histoire. Comme le sont Raucio, Modestine, Platero et tous les ânes du monde. L'âne est un esclave qui ne fut jamais affranchi.

À part Cadichon ou Martin, rares sont les bourricots bénéficiant d'un nom propre. Les autres doivent se contenter de noms ridicules, de diminutifs mièvres : Mimi, Bijou, Carotte ou Pompon. Et ils sont rares ceux qui furent honorés à l'égal d'un grand capitaine, d'un pape ou d'une vedette de music-hall. Le cheval a mieux tiré son épingle du jeu. Nous savons que la jument de Mahomet, celle qui l'emporte un jour au ciel, s'appelle Al Borak. (Certains linguistes ont voulu que le mot « bourrique » soit une déformation du nom de la jument de Mahomet, ce qui est faux puisque la bourrique est déjà connue des Romains.) La jument de Mahomet a du reste des ancêtres et son histoire fut une splendeur. C'est l'archange Gabriel en personne qui l'offrit à Mahomet.

Bucéphale est nimbé d'autant de gloire qu'Alexandre le Grand. Caligula nomme son cheval Incitatus sénateur à vie et Richard II d'Angleterre ne se sépare pas de Roan

Barbary. Pégase est un dieu. Il a des ailes. Et que serait Buffalo Bill sans Saham ? Les chevaux de Napoléon ont des noms. Si *Nickel* se contente d'évoquer un métal, un peu comme Platero est une couleur avant d'être un âne, les autres montures de Napoléon puisent leur nom dans l'Histoire : *Marengo* est une bataille gagnée et *Le Vizir* est un de ces hauts fonctionnaires qui guident les princes et les peuples.

Il n'est pas rare que les chevaux aient droit à des funérailles. C'est la récompense des animaux historiques. En 1984, on a mis au jour, dans la sépulture de Childéric, des restes de trois chevaux. À Hochdorf, dans le Bade-Wurtemberg, deux chevaux occupaient le centre d'une vaste tombe. À Sceaux ont été retrouvées les tombes des chevaux de Colbert, qui ne passe pas pour un sentimental. En Égypte, innombrables sont les chevaux découverts dans les mausolées, par exemple à Tell el-Dab'a, à Saqqara, parfois momifiés et enveloppés de bandelettes. À Gondole, non loin de Gergovie, trois tombes gauloises ont été fouillées. Elles contenaient huit cavaliers dont les ossements étaient mélangés à ceux de huit chevaux. Et les milliers de soldats de terre cuite cachés sous la terre par l'empereur chinois Qin Shi Huangdi sont accompagnés dans l'éternité par leurs chevaux. Ce catalogue serait sans fin.

Rien de pareil chez les ânes. La tombe de bourricot est une rareté. Même la Bible, si clémente aux ânes, nous a expliqué ce qui arrivait aux ânes trépassés : ils étaient traînés et jetés dans un trou. Serait-ce là l'origine de l'expression si mal compréhensible, « peser le poids d'un âne mort » ?

*

L'âne est depuis six mille ans un matériau de l'histoire, un de ses ouvriers, sa victime, son rouage et son souffre-douleur. Jamais il n'en fut un acteur. Privé de nom, sans ancêtres ni postérité, sans souvenirs et sans traces, mort sans sépulture, il n'a pas réussi à figurer dans les annales des hommes. Il fut roulé par l'histoire comme un galet de la mer. Le cheval a droit à des célébrations, des tableaux, des médailles, des monographies, des vies de chevaux illustres. L'âne, non. Les écrivains, tels Stevenson ou Jiménez, essaient de le réhabiliter. Et à force de fouiller dans ma bibliothèque asine, j'ai découvert qu'un autre écrivain avait déploré que l'âne, jamais, n'ait réussi à forcer les portes de l'histoire.

Le nom de cet écrivain est un étonnement. Il s'appelle Édouard Drumont. Quel Édouard Drumont ? Celui qui a fondé *La Libre Parole*, la feuille infâme qui s'était donné pour tache d'insulter les juifs ? le maître de Charles Maurras ? l'anti-dreyfusard ? l'obsédé de l'antisémitisme ? Eh bien, oui ! Justement ! Le même écrivain vomit les juifs et célèbre les gentillesses de l'âne et ses douleurs, c'est à n'y comprendre rien. L'âne aura fait un miracle.

En 1882 – deux ans avant que le capitaine Dreyfus soit arrêté et condamné pour intelligence avec l'Allemagne –, Édouard Drumont publie chez L. Baschet à Paris *Les Animaux chez eux*, illustrés par Auguste Lançon. Un chapitre est consacré à l'âne. Il est splendide : « Âne, je te salue, éternel porteur de bât, Âne utile, Âne patient, Âne toujours raillé. Âne à l'échine meurtrie. Âne aux longues oreilles, Âne, je te salue... »

Ensuite, Drumont reconnaît, comme Buffon, que l'âne est de la famille du Cheval :

« Mais, c'est un cadet ; semblable à ces déshérités dont les parents occupent de brillantes positions, il est voué d'avance à la vie humiliée et douloureuse, condamné au labeur sans trêve, destiné aux coups. Dans l'ordre équestre, l'Âne d'ailleurs n'entre guère que par surprise, comme certains plébéiens n'entrent dans la maison de quelque grand seigneur que par la porte bâtarde. »

Drumont brosse un parallèle entre l'âne et le cheval :

« Le cheval est un animal héroïque ; il fait figure dans l'histoire, il a sa place dans l'art, il orne les bas-reliefs monumentaux, il est attelé au quadrige des triomphateurs ; il s'élance du ciseau de Phidias pour courir sur le fronton du Parthénon. Il est, selon Lamartine, le piédestal des rois ; il est le coursier fougueux que César éperonne, de Victor Hugo et, pour lui, le Richard III de Shakespeare offre un royaume un soir de défaite. Acteur dans les ardents combats, il participe de l'enthousiasme que l'Humanité éprouve pour ceux qui tuent. À Epsom ou à Longchamp, il tient cent mille hommes haletants au bout de son sabot (...). Il a une généalogie comme un gentilhomme et des journaux comme le peuple souverain. »

Vient ensuite le tour de l'âne, et Drumont, après avoir installé le cheval dans le flot impétueux de l'histoire, montre que l'âne habite d'autres paysages :

« L'âne ne sait pas ce qu'est une généalogie, le sang d'âne court les prés, comme le sang du peuple court les rues et les ruisseaux. Fécond comme les pauvres, l'Âne enfante au hasard des milliers d'ânons qui travailleront comme lui et, comme lui, souffriront les mauvais traitements. En fait de nom, il n'a qu'un sobriquet, il est Aliboron. Pour lui, le livre d'or de Clio ne s'ouvrira pas et s'il va à la bataille, pour laquelle les fabulistes lui reprochent unanimement de n'avoir qu'un goût modéré, c'est pour s'exposer aux coups sans pouvoir acquérir de gloire. À travers les ornières qu'ont faites les canons, il traîne la cantine qui versera une goutte de cordial à quelque agonisant ; il est dans les ambulances…

« Être utile, voilà quel est le rôle de l'âne ici-bas. Sous la pluie ou sous le soleil, il transporte au marché les légumes et les fruits, il va chaque jour au moulin, pliant sous le poids de sacs de farine, il sert aux femmes et aux enfants, et si parfois il rechigne un peu devant quelque fardeau trop lourd, il se résigne vite et, soutenu par cette philosophie qui le caractérise, il se remet bientôt en route.

« Prolifique comme le prolétaire, accommodant d'humeur et facile à vivre comme lui, l'Âne n'est-il pas l'image du vilain toujours peinant, toujours écrasé par l'impôt, toujours produisant plus qu'il ne consomme et toujours conspué par ceux qui consomment plus qu'ils ne produisent ?

« Par un illogisme qui s'explique par le désir d'être dispensé même de la reconnaissance, on s'est efforcé, en effet, de rendre ridicule ce paria. Ce n'est point seulement une victime qu'on exploite, c'est une cible à toute plaisanterie. Les privilégiés, qui reprochent à l'homme du peuple son ignorance au lieu de s'occuper de la faire cesser, ont personnifié l'ignare dans un animal qui sait ce que très peu de docteurs savent supporter patiemment, la souffrance. »

Et ce trait : « Qu'il transporte des pierres à Alger ou qu'il porte des enfants et des jeunes filles à travers la forêt de Montmorency, dans ces joyeuses parties qu'a racontées Paul de Kock, l'Âne, on le voit, est partout victime des mêmes procédés ; partout il est digne de cette pitié que nous sommes heureux de lui témoigner. »

*

Comment ne pas partager les indignations de Drumont, même si le tableau qu'il brosse doit être assorti de quelques nuances ? Il est arrivé en effet à l'âne de se mêler aux affaires des humains. Et même de peser sur l'histoire. Nous le verrons, sous les atours de l'ânesse de Balaam, sauver l'histoire sainte, la Bible, Jésus-Christ et toute l'Histoire en somme. Mais cette fulgurante intervention du baudet dans les démêlés entre les hommes et les dieux n'a pas été suivie de beaucoup de lendemains (au surplus, Drumont, qui détestait les juifs, n'a sans doute jamais voulu savoir qu'Israël fut une des rares terres, avec du reste les terres voisines des Arabes, à aimer – un peu – les ânes).

Comment ne pas saluer le beau texte que Drumont, le forcené de *La Libre Parole* et de l'antisémitisme, consacre à l'humble créature ? Pour cette célébration qu'il fait de l'âne, il lui sera un peu pardonné (pas beaucoup, un petit peu). À cette occasion, le bourricot dévoile un autre de ses dons – sa douceur, son long supplice, sa résignation et sa finesse ont accompli ce miracle : faire d'un antisémite furieux un poète délicat et un homme compatissant qui, le temps de saluer les ânes, oublie ses fiels.

Un siècle après Drumont, François Mauriac parle de l'affaire Dreyfus. Curieusement, il compare le capitaine juif humilié par la France et par Drumont à un proche cousin de l'âne, un cheval, mais un cheval aussi méprisé qu'un âne et pareillement maltraité, un de ces chevaux de corrida, que les hommes font honteusement éventrer par la corne des taureaux, pour donner du frisson aux foules. « L'affaire Dreyfus, dit Mauriac, est une tragédie dont le héros est resté inconnu. Alfred Dreyfus demeure neutre d'aspect aux heures les plus atroces de son destin. Il ressemble au cheval de corrida sans cri et sans regard dont les entrailles pendent. Il ne sait pas crier. Il ne veut pas crier. »

*

Céline adorait son chat Bébert. Et la première décision d'Hitler, après qu'il fut chancelier du Reich, a été un décret en faveur des canaris en cage.

L'ânon de Jésus

L'âne se débrouille mieux dans les affaires religieuses que dans les sociétés civiles. Les dieux le consolent. La Bible, il est vrai très favorable aux plantes et aux animaux, est indulgente aux ânes. Elle leur confie des rôles importants. Dans le Livre des Nombres, une ânesse, celle de Balaam, prononce une phrase mémorable dans le vaste dialogue qu'entretient l'Éternel avec les nations.

En ce temps-là, les Hébreux sortaient du désert du Néguev où ils avaient cheminé pendant quarante ans, en mangeant des cailles et de la manne céleste, et en buvant l'eau miraculeuse du rocher d'Horeb. Ils trouvaient le temps long. Ils étaient énervés. Des cailles, toujours des cailles ! Et cette manne ! Ce pays de Canaan, depuis que Moïse le leur promettait, ils mettaient en doute son existence.

Leurs bivouacs étaient établis à l'est du Jourdain, au nord de la mer Morte (là où s'étend aujourd'hui la Jordanie), dans les hautes plaines opulentes de Moab.

Balak, qui était le roi de Moab et dont le nom signifie le « dévastateur », craignait que ces six cent mille Hébreux ne saccagent le beau pays de Moab, ne le dévastent « comme le bœuf broute la verdure des champs ». Il était résolu à affronter ces affamés au combat mais, par précaution, et comme les Hébreux avaient de la réputation, il avait demandé à un prophète, Balaam, de les maudire, de manière à abattre leur énergie, un peu comme les picadors, au début de la corrida, fatiguent les taureaux avant que les matadors les assassinent.

Ce Balaam est originaire des environs de l'Euphrate, en Mésopotamie. Son nom est impressionnant. On le traduit par « l'avaleur », ou encore par « celui qui détruit le Temple ». Le Livre des Nombres, qui relate l'incident, fait de lui un portrait variable. Parfois, Balaam est un prophète, un prophète limité, mais loyal à Israël. À d'autres moments, la Bible le voit comme un devin, un charlatan, et il sent le fagot. Il fait partie de ces prophètes de second rang, de ces visionnaires myopes qui profitaient de la célébrité des grands prophètes, genre Isaïe ou Jérémie, pour gagner leur croûte en exerçant leur industrie en province.

La réputation de Balaam n'est pas bonne. On dit qu'il place ses talents au service de ses intérêts. Il pratique la sorcellerie, la divination et l'enchantement. Il aurait encouragé les filles du pays de Moab à débaucher les enfants d'Israël et à se marier avec eux. Enfin, contrairement aux souhaits de l'Éternel, il refuse de reconnaître la séparation d'Israël d'avec les autres nations.

*

Balaam se fait d'abord tirer l'oreille. Il n'a pas envie de remplir cette mission. Le courage n'est pas son fort. Il a peur d'indisposer les dieux et aussi tous ces juifs. Le roi moabite Balak patiente deux nuits, après quoi il secoue son petit prophète. Il lui promet des médailles s'il passe à l'action, des châtiments s'il se dérobe, et Balaam finit par s'incliner. Il selle son ânesse et se met en chemin en compagnie des princes du pays de Moab.

La troupe de Balaam rencontre un ange qui est un ange en colère car il brandit une épée nue. Le prophète Balaam ne voit pas cet ange. L'ânesse, elle, le remarque tout de suite. Elle est interloquée. Elle s'arrête. Dans un premier temps, avec ses manières d'âne, elle cherche à négocier. Elle veut éviter l'incident et prend à travers champs. Mais le prophète Balaam, qui n'a pas vu l'ange, est mécontent. Il frappe son ânesse et veut la ramener dans le bon chemin. L'ânesse proteste. Elle essaie de se faufiler le long d'un mur, quitte à racler le pied de Balaam contre les pierres, bien fait ! Balaam hurle. Il cogne. L'ânesse l'ignore. Balaam se déchaîne. Il frappe et il maudit. Il écume.

Cette ânesse est décidée. On voit à ce trait combien le maître de la Sorbonne, Buridan, s'est trompé sur le compte de l'âne quand il décrit celui-ci comme indécis. L'ânesse de Balaam est courageuse et lucide. Courtoise, et diplomate, comme tous les baudets, mais sur les principes, elle ne cède rien. Elle a vu l'ange que Balaam ne voit pas. Et elle a tout de suite discerné qu'en réalité, c'est Dieu qui est derrière toute l'affaire. Au contraire, Balaam, tout prophète qu'il fût, n'a rien vu. Il appartient à la famille des « prophètes bouchés ». Il n'aperçoit même pas cet ange qui doit être cependant assez visible puisqu'il brandit une épée.

Pendant ce temps, Dieu agit. Il met des paroles dans la bouche de l'âne. Le prophète Balaam n'est même pas surpris qu'un baudet se mette à parler. Il est vrai qu'il est hors de son caractère. La colère l'aveugle. Pourtant, le discours de l'ânesse est si fulgurant que la vérité finit par se frayer un chemin dans la lourde cervelle de Balaam. Le prophète s'affole. Il était sur le point de faire une bourde. Il essaie de se rattraper. Il change son fusil d'épaule. Il bénit à trois reprises ce peuple d'Israël qu'il avait mission de maudire. Au passage, notons que l'ange porte une grande estime à l'âne. Ne dit-il pas que, si l'incident avait dégénéré, il aurait tué le prophète, mais laissé l'âne vivre ?

*

145

Cet épisode illustre un des talents de l'âne. Réputé pour sa bêtise, son esprit est profond. Il distingue l'insignifiant de l'essentiel. Il comprend ce que les hommes ne voient même pas. Le prophète, ce n'est pas Balaam. C'est l'ânesse. Son regard perce le présent et l'avenir ensemble. Ce jour-là, le monde a frôlé l'abîme. Un bref instant, l'Histoire sainte a hésité. Elle a manqué s'engager sur une voie secondaire : si l'ânesse n'avait pas défié Balaam, le peuple d'Israël eût été bien ennuyé. Les légions du roi de Moab l'eussent taillé en pièces. Et l'entrée dans la terre de Canaan, qui fut déjà bien compliquée à cause de la mort de Moïse, eût été retardée de quelques siècles et peut-être forclose.

Pareil contretemps eût fait un gros embrouillamini dans la Bible et dans les projets de l'Éternel. Il eût fallu tout reprendre de zéro. Cette ânesse est méritante. Comment s'étonner que Jésus, quand il entrera à Jérusalem, bien plus tard, soit juché non sur un cheval, mais sur un âne ? L'Évangile de Thomas marque la filiation entre l'ânesse de Balaam et l'ânon qui accompagnera Jésus à Jérusalem. Cet Évangile est apocryphe, c'est-à-dire caché, mais l'âne n'est-il pas un petit cheval apocryphe ? « L'ânon qui servit de monture à Jésus, pour son entrée triomphante et messianique à Jérusalem, était de la lignée de l'ânesse de Balaam » (Thomas, 40).

*

La Bible fait la part belle aux ânes. Elle les cite 151 fois (144 fois dans l'Ancien Testament et 7 fois dans le Nouveau Testament). Un record. C'est que les ânes sont nombreux en Palestine. Les Juifs les préfèrent aux chevaux car leurs pieds sont durs et s'accommodent des chemins caillouteux du Moyen-Orient. Ils ne servent pas seulement de bêtes de somme. Ils sont présents dans les armées, ce qui n'arrive pas communément dans les autres peuples. Dans le Livre de Josué et dans le Livre des Juges, on apprend que l'âne est monté par des Israélites de haut rang, des princes et des dames. Abigaï, qui est une femme belle, a un mari déplorable, le riche Nabal, qui ne croit pas en Dieu et qui insulte David. Abigaï va voir David pour apaiser les choses. Elle monte un âne. Or Abigaï n'est pas une dame insignifiante : après la mort de son sale mari Nabal, elle épousera David (Samuel, XV).

Le gouverneur du royaume de Juda, Zorobabel, après l'exil de Babylone, regagne Jérusalem sur son âne. Samson, quand il voit que trois mille Philistins l'attaquent, ramasse une mâchoire d'âne avec laquelle il tue mille ennemis (Juges, 15/9, 15). Même décédé, l'âne se rend utile.

*

L'idée que les juifs se forment de l'âne varie selon les livres de la Bible. Parfois, la Loi religieuse le tient à l'œil.

Il figure parmi les animaux impurs, au point que le premier-né d'une ânesse, au lieu d'appartenir à Jéhovah, comme les autres premiers-nés, doit être racheté par un mouton, à moins qu'on ne lui brise la nuque. Pourtant, la même Loi de Dieu prescrit de traiter avec bonté les animaux domestiques, au premier rang de ceux-ci l'âne, qui est le plus domestique de tous. Si l'âne est tombé sous sa charge, on lui portera secours. Dans le même esprit, on ne doit pas assujettir au même joug un âne et un taureau car le taureau est plus fort et l'âne pourrait souffrir.

La Genèse nous informe qu'Abraham, au moment de sacrifier son fils Isaac pour manifester son obéissance à l'Éternel, sella son âne, prit avec lui deux serviteurs et son fils, ainsi que du bois, pour accomplir l'holocauste, et rejoignit dans cet équipage le lieu que Dieu lui avait désigné. L'âne d'Abraham ne proteste pas. Il est moins courageux et moins lucide que le sera plus tard l'ânesse de Balaam mais nous sommes au début des choses. Sans doute est-il surpris, mais l'Éternel en personne, il faudrait être un peu piqué pour oser le défier. Aussi l'âne participe-t-il à cette indignité : aider Abraham à tuer son propre fils pour complaire à l'Éternel.

Dans certains cercles asiniens circule une autre thèse, un peu tirée par les cheveux, mais qui lave de ce forfait l'âne abrahamesque. Ce dernier, plus prophétique encore que l'ânesse de Balaam, aurait deviné que toute cette équipée était une blague, un leurre stupide et de mauvais goût, destiné à éprouver la foi d'Abraham. Il avait compris que l'Éternel était résolu à sauver Isaac du couteau, juste avant l'égorgement. Aussi, circonspect comme tous les ânes, n'aurait-il pas jugé nécessaire de faire un esclandre et de dénoncer les sales projets d'Abraham et de Dieu. L'âne est ainsi. Animal diplomatique, chaque fois qu'il peut s'épargner une dispute ou une guerre avec un imbécile, il fait semblant d'être d'accord. C'est ainsi qu'il procède avec les hommes qui lui font pis que pendre. Il fait « patte de velours », il fait mine de s'incliner, mais il n'en pense pas moins.

*

Les grands inspirés ne sont pas toujours d'accord sur les vertus de l'âne. Si Isaïe, dans une de ses visions, voit « un char avec des ânes », d'autres prophètes sont plus réservés. Voici comment ils prévoient que sera enterré l'un des derniers rois de Juda, Yehoïaqim, fils de Yoshiya et fils maudit, car il fut un homme sans foi et d'un caractère méprisant. « D'un enterrement d'âne il sera honoré. On traînera son cadavre et on le jettera au-delà des portes de Jérusalem. »

Un des douze fils de Jacob, le neuvième, se nomme Issakar, né en 1769 avant Jésus-Christ. La Genèse le compare à un âne. Rien d'insultant. Au contraire. Issakar est de toute la progéniture de Jacob l'enfant le plus attachant. Il est si dévoué, si sage et si bon que certains exégètes en font une figure christique. Si la Genèse le voit comme un âne, c'est donc pour publier ses vertus, non pour l'humilier, l'âne étant une « bête de somme connue pour sa fidélité ».

Tacite, Plutarque, Tertulien, Josèphe s'accordent sur ce point que les Hébreux rendaient un culte à l'âne. En 167 avant Jésus-Christ, un souverain grec, Antiochus Épiphane, entre à Jérusalem. Il élève un autel à Zeus sur l'autel des holocaustes dans le Temple juif. Il aperçoit la statue d'un âne en or, la fait démonter et la remplace par une effigie de Zeus. Jésus dans Matthieu dit que ce moment fut « l'abomination de la désolation ». Flavius Josèphe précise que, dans le même Temple, une autre statue représentait Moïse sur son âne.

*

Dans le Nouveau Testament, les ânes se taillent une belle place. Ils y font plusieurs apparitions, parmi lesquelles deux sont mémorables, même si la première est imaginaire. Commençons par celle-ci. Nul n'ignore que l'Enfant Jésus, quand il vient au monde, à Bethléem, par un froid de loup, est placé dans une mangeoire et réchauffé par les haleines d'un bœuf et d'un âne. Dans la crèche vivante que François d'Assise met en scène à Greccio, dans les Apennins en 1233, le motif est présent et, depuis ce jour, des millions d'ânes et des millions de bœufs soufflent sur l'Enfant.

Dans mon enfance de Provence, j'ai passé mes Noëls à prier devant l'âne et le bœuf que j'admirais à l'égal du Sauveur et de la Vierge, et bien plus à coup sûr que le remoulaïre, le Barnabé ou la Babé. Je fus triste le jour où j'ai appris que cet âne et ce bœuf étaient des imaginations. Je n'avais pas de chance avec la Noël. Déjà, j'avais dû apprendre, quelques années plus tôt, que le Père Noël, non seulement n'existait pas mais encore n'avait jamais jeté de cadeaux dans les cheminées.

Je m'étais résigné avec enthousiasme à la mort de ce gros bonhomme Noël, stupide et indécent sous sa capuche blanche et rouge et sa barbe de coton hydrophile. Je demeure en revanche affligé aujourd'hui encore par la mise en doute de l'âne et du bœuf. Longtemps, j'ai lutté pour les maintenir artificiellement en vie, comme on le fait dans les hôpitaux pour les malades en état de coma dépassé.

Je ne suis pas le seul. Innombrables sont les savants qui ont tiré les textes sacrés dans tous les sens afin de réintroduire, devant la mangeoire de Bethléem, l'animal sublime et son compagnon le bœuf. Certains ont demandé son concours à Isaïe qui disait : « Écoute, ô cieux, et prête l'oreille, ô terre, car l'Éternel a parlé : "J'ai nourri et élevé des enfants et ils se sont rebellés contre moi. Le bœuf connaît son propriétaire et l'âne la crèche de son maître. Israël ne me connaît pas. Mon Peuple ne comprend pas." »

Isaïe aurait ainsi parlé afin d'annoncer la présence des santons d'âne et de bœuf dans les crèches de Saint-Rémy-de-Provence ou d'Aubagne. L'argument est un peu fragile mais la bouche qui le profère est vénérable. Isaïe, que les protestants appellent Esaïe, est à la fois un prophète d'Israël et un saint chrétien. Le livre qui lui est attribué dans la Bible figure intégralement dans les rouleaux de cuir trouvés en 1947 à Qumrâm et calligraphiés deux siècles avant Jésus-Christ. En outre, l'œil d'Isaïe était aigu. Il est un des rares prophètes à avoir prévu, sept siècles avant Bethléem, la venue du Messie. Son allusion à l'âne et au bœuf de la crèche mérite d'être entendue.

*

D'autres signes confirment l'intuition d'Isaïe. Il est avéré que, dans certaines régions, le 25 décembre, les ânes s'agenouillent à minuit dans leurs étables. Ils en profitent pour échanger quelques mots avec le bœuf. « Malheureusement, les gens que la curiosité pousse à entrer dans l'étable pour s'en assurer entendent les deux animaux causer du trépas des visiteurs curieux et ceux-ci meurent sur-le-champ ou dans les jours qui suivent. »

*

Les amoureux du bourricot ont cherché d'autres occurrences d'âne et de bœuf dans la Bible. Ils en ont exhumé une dans Habacuc, un prophète contemporain de Jérémie (vers 600 avant Jésus-Christ). Habacuc n'est pas un très grand inspiré. On le classe parmi les douze petits prophètes d'Israël entre lesquels il occupe le huitième rang. Ce n'est pas un très bon numéro mais ce n'est déjà pas si mal d'être un prophète, même petit. En plus, ce Habacuc a dit : « J'ai crié et tu ne m'écoutes pas. » Une autre fois, il raconte le siège que les Bayloniens mettent devant Jérusalem en 587. Il s'adresse au Seigneur. Il lui dit, si l'on suit le texte hébreu : « Au milieu des *années*, fais-la revivre, fais-la connaître. » Le texte grec est plus explicite et il introduit deux animaux : « Au milieu de *deux animaux*, dit-il, qu'il soit connu. Au temps qui s'approche, qu'il soit reconnu. » Les chrétiens et surtout ceux de Saint-Rémy-de-Provence et d'Aubagne ont retenu cette version car elle confirme que le Seigneur se manifestera dans la crèche de Bethléem, avec deux animaux, un âne et un bœuf.

*

Dans les Évangiles, l'âne ne quitte guère Jésus. Quand la Vierge doit fuir parce que le roi Hérode a donné l'ordre d'assassiner tous les nouveau-nés, elle prend le chemin de l'exil. Par quel moyen ? La plupart des artistes juchent Marie sur un âne : les sculpteurs des cathédrales, Odilon Redon, Vittore Carpaccio, Jean Coiombe, dix autres, cent autres, et le superbe Fra Angelico avec sa Vierge bleue.

Plus tard, Jésus s'avance vers le martyre. Il abandonne la clandestinité et il fait son entrée dans Jérusalem, en grand apparat, quelques jours avant la Pâque. Or il tient à ce qu'un âne partage ce moment. Arrivé à Bethfagé (« la Maison des figues non mûres ») près du mont des Oliviers, il distribue des ordres à deux de ses disciples : « Allez au village qui est en face de vous. Vous trouverez bientôt une ânesse attachée et un petit âne avec elle. Détachez-les et amenez-les-moi. » Un peu plus loin, Jésus fournit une explication : « Dites à la fille de Sion : voici ton roi qui vient vers toi, humble, monté sur une ânesse et un petit âne, le petit d'une bête de somme. »

(L'exégèse midrashique a commenté cette scène. Elle la lie à un passage de la Genèse : « Il attache à la vigne son ânon, au cep de son choix, le petit de son ânesse. » Les maîtres du Midrash expliquent ces mots : « Dieu dit : je suis attaché à la vigne (à Israël) et au raisin de prix de sa ville (Jérusalem). » Quant au choix de l'ânon, n'est-il pas inévitable pour cet animal dont Zacharie avait présenté en ces termes l'entrée à Jérusalem : « Sois transportée d'allégresse, fille de Sion. Crie, fille de Jérusalem. Voici ton roi qui vient à toi ! Il est juste et victorieux, humble, et monté sur un âne. »

La présence d'un âne était donc programmée depuis longtemps. Mais une complication ici se présente. Jésus, quand il arrive à la Maison des figues non mûres, demande qu'on détache une ânesse et son petit âne. La mère et le fils. Or Marc, Luc et Jean disent que Jésus était monté sur un jeune âne mais ne soufflent mot de l'ânesse. Matthieu est mieux informé : « Les disciples amenèrent l'ânesse et l'ânon, et ils mirent leurs vêtements dessus et il s'assit sur eux. » Cette fois, c'est le mot « eux » qui intrigue. En vérité, Jésus ne s'est évidemment pas assis sur les deux ânes à la fois. Il a choisi l'ânon.

Pourquoi pas un cheval ? Le tableau eût gagné en prestige, mais l'âne était plus présent en Palestine que le cheval. Le cheval était réservé pour les cérémonies et surtout pour les guerres. Au surplus, l'âne est mieux accordé que le cheval au génie du Christ. Il est courageux, obstiné, doux et paisible, avili même, ami des pauvres et des enfants. Prophétique. Sans vanité.

L'âne a été récompensé. Après le mont des Oliviers et la mort du Christ, une ânesse blanche a réussi à monter sur un navire grec qui se rendait en Italie. Elle a débarqué à Vérone. Elle y a vécu. Elle est morte. Ses ossements sont vénérés.

*

À Rome, on tenta de déshonorer les premiers chrétiens en assurant que, dans leurs cultes inconsolés et ténébreux, ceux-ci adoraient un âne. Quant aux mystiques chrétiens d'Égypte, dans les premiers siècles, ces « fous de Dieu » qui abandonnaient la vie profane pour s'infliger des sévices infinis, on leur donnait le titre d'âne, afin de les humilier. Raté ! Les chrétiens en tiraient fierté. En 1856, on découvre un christ à tête d'âne dans les ruines du Palais des Césars sur le Palatin.

Jésus lui-même a tenu à récompenser l'âne pour tous les services que celui-ci lui a rendus. Il a marqué son dos d'un signe de croix, la croix de Saint-André. C'est grâce à cette précaution que l'âne jamais n'est frappé de la foudre.

*

Régis Debray, dans ses belles études sur la Bible, accorde une grande attention à l'âne. Il le voit comme la monture préférée de Dieu. Il pense que les ânes, si nombreux, si aimés et si présents dans le monde hébreu, relient les temps bibliques à l'antique Sumer dans laquelle il n'y avait ni chameaux et ni chevaux. Il le voit comme l'animal emblématique du judaïsme. La religion coranique, elle, célèbre le cheval, l'animal conquérant, l'animal de la guerre sainte. L'agneau attendrit et il est le symbole de l'amour chrétien. Mais l'âne s'obstine, l'âne demeure. L'âne est la mémoire juive.

Des abeilles fatiguées

L'abeille est fatiguée. Depuis quelques années, elle fait l'événement. Les journaux expédient leurs reporters dans ses retraites. Les savants l'auscultent. Les philosophes pensent. Le bel insecte aux ailes transparentes qui croyait avoir inventé, avec sa ruche et sa société de cristal, une protection parfaite contre les forfaits et les déraillements de l'Histoire, voilà que l'Histoire se déchaîne contre lui et le blesse. Les gazettes proclament ses infortunes, publient des communiqués de guerre. Elles annoncent des calamités car si l'abeille ne va pas bien, c'est l'univers qui s'étiole.

L'abeille se meurt. Elle nous a assez vus. Elle se tire. « Butiner, toujours butiner, c'est pas une vie ! » Et puis les industriels ont mis des insecticides partout, si bien que les abeilles ont perdu la boule. Le beau langage de leurs danses a des ratés. Elles ne connaissent plus le chemin de leurs ruches. Les voici paralysées et bientôt mortes. L'abeille s'en va. Elle fait comme le panda et comme firent jadis le dodo de Madagascar, le mammouth, la sirène, les amazones, la licorne, la bête du Gévaudan, le kraken, le catoblépas, le dragon et les morts-vivants. Au début, on a tenté de minimiser l'événement. Après tout, le mammouth aussi a disparu et on s'en est quand même tiré. On a même réussi à vivre dans un univers sans sirènes, sans dodos de Madagascar ni licornes. On trouvera bien un truc pour vivre sans abeilles ou bien pour se débrouiller avec les quelques abeilles qui survivront à l'épidémie. Aux États-Unis, les agriculteurs louent des régiments d'abeilles à des sociétés spécialisées. Ces supplétives sont transportées en camion, de propriété en propriété, pour procéder au butinage, faute duquel les productions agricoles s'effondreraient et l'univers, endeuillé de ses fleurs, deviendrait une peinture sans couleurs, un film en noir et blanc, comme dans les anciens cinémas.

Cet épisode est angoissant. Il constitue le premier événement historique rencontré par l'abeille depuis cet instant indistinct, perdu dans les mornes de la préhistoire, où l'abeille libre et écervelée des premiers jours a choisi de se civiliser, de se regrouper en colonies et de créer ces communautés irréprochables, ces sociétés mathématiques, qui ont infusé toute la pensée politique de l'Occident.

On s'interroge depuis dix ans sur les raisons du désastre. On cite des coupables, les pesticides, le

Roundup, Monsanto, etc., mais point de certitudes. En revanche, on connaît les cérémonies de cette mort : l'abeille quitte sa ruche, fait son marché dans le nectar des prairies et, quand elle regagne son logis, elle ne sait plus où elle en est. Elle a perdu le nord, l'est, l'ouest et le sud. Plus de rose des vents.

L'hyménoptère a beau envoyer des messages à ses congénères par le moyen de ses danses, elle ne sait plus lire les réponses qui lui sont faites. En somme, elle meurt d'avoir perdu le langage minimal et stéréotypé qui lui a permis de se débrouiller aussi longtemps qu'elle était préservée des embardées de l'Histoire. De même que toute l'aventure des hommes a commencé par le Verbe, selon la Bible et les théogonies, de même la maladie des abeilles est d'abord une défaillance de langage.

*

En même temps que l'abeille se raréfie, elle change. L'étrange insecte qui fut décrit, de Platon à Marx, comme un robot sans intériorité, renouvelle ses profils depuis quelques années. L'abeille jette sa gourme et se flatte de nous avoir bien bourré le mou. L'abeille nouvelle est arrivée.

En vérité, l'abeille nouvelle est ancienne. Elle n'a rien ajouté ni retranché à ses manières. Elle est toujours la même. C'est l'idée que se forment de la ruche les hommes qui a bougé, et violemment. Hier, on ne retenait de l'hyménoptère enchanté que l'image d'un animal aussi travailleur que Stakhanov, précis comme un algorithme, inapte à la révolte, au plaisir et aux grandes vacances, identique aux milliards d'abeilles qui s'affairent dans les ruches du monde, et aussi prévisible que la ronde des astres dans le ciel.

Pareille représentation de l'abeille, qui traverse toute la pensée occidentale, n'est pas mensongère. Elle est mutilée. Elle ne peint que la moitié de l'abeille, la moitié qui s'affaire dans la ruche. Naguère encore on ne prêtait pas attention à la deuxième moitié de l'abeille, celle qui vaque aux champs. La ruche cachait l'abeille. Elle laissait croire que l'hyménoptère n'est qu'un ouvrier génial et décervelé, alors qu'en réalité, dès qu'il quitte sa ruche, par les matins d'été, le même insecte montre un autre visage. Il cesse d'être le clone de ses congénères. Il devient un individu singulier, unique, équipé de désirs, de préférences, de curiosités, impatient de découvertes, et sa tête bourdonne de projets.

*

«Les abeilles ont été pour nous ce que sont les nuages. Chacun y a vu ce qu'il a désiré d'y voir», Bernard Mandeville.

*

Aujourd'hui, les hommes commencent à chercher leurs modèles dans l'abeille des champs. Ils ne lui demandent plus les mêmes conseils. Les penseurs politiques du troisième millénaire sont moins intéressés par l'organisation de la ruche, sa diabolique perfection et ses abominables vertus, que par l'étrange mode de production mis au point par l'abeille : sa fonction pollinisatrice.

Yann Moulier-Boutang dans *L'Abeille et l'Économiste* écrit : « Sans les abeilles, la biosphère dépérirait. Pas à cause de la disparition du miel. À cause de la disparition de la pollinisation. La pollinisation, c'est le travail invisible et indispensable – travailler en rhizome, bâtir des réseaux pour créer des ressources naturelles et vives – qui fait que la nature peut se renouveler et que tout le monde y trouve son compte. » Yann Moulier-Boutang annonce : « Nous sommes en train de basculer d'une économie de l'échange et de la production à une économie de pollinisation et de distribution. » Daniel Cohn-Bendit, dont l'esprit est vif, reprend ces thèmes. Il propose une rénovation radicale de l'économie politique par la création de « sociétés de pollen ».

*

Incroyable plasticité de l'abeille. Cet animal si rationnel, si constant, si pur et si dédaigneux des bourbiers et des fastes de l'Histoire, cet insecte voué à un éternel présent, est aussi un produit du temps. Jadis, la ruche préfigurait les tyrannies, le productivisme, le taylorisme, la chasteté, les cadences infernales, le travail et pas la joie, la mécanisation, les supermarchés, l'élevage des poulets en batterie, les machines, l'électronique, la « servitude volontaire », les caméras de surveillance, le temps immobile et la fin de l'histoire. Aujourd'hui, c'est le contraire que les hommes attendent d'elle.

Nous privilégions désormais dans l'abeille des vertus à peu près contraires à celles que Platon ou Latini lui prêtaient. Nous découvrons que cet insecte si laborieux, si rébarbatif, si hygiénique et si mathématique quand il est dans sa ruche, peut nous délivrer des leçons contraires, des leçons joyeuses, dès qu'il quitte sa cellule pour flâner dans les champs. Là, dans les prairies de trèfles et de début du monde, tout n'est que désordre et volupté, jouissance et inattendu. L'abeille des champs est une anarchiste et une hédoniste. La morne citoyenne de la colonie quand elle va aux champs devient une jouisseuse, une friponne lancée à la chasse au bonheur, à l'amour.

*

Joli programme et salubres leçons. Pendant que les hommes s'escrimaient à reproduire la société parfaite de la ruche, l'abeille prenait la clé des champs et poursuivait, en pleine lumière et en catimini à la fois, ses noces, ses banquets et ses épousailles avec les fleurs, et les philosophes ne les voyaient pas. Dommage, car l'abeille des champs nous offre l'image énigmatique d'une économie aléatoire et mal saisissable, l'économie du pollen, qui repose sur le désir, la fantaisie, la liberté et la fête.

*

Toutes les civilisations n'ont pas infligé à l'abeille le traitement absurde que l'Occident lui a si longtemps, si étourdiment, réservé. La Chine célèbre l'abeille des champs depuis bien longtemps et depuis toujours peut-être. Jamais, du moins jusqu'à l'arrivée des idéologies communiste et capitaliste de Mao Zedong et de Deng Xiaoping, elle ne sacralisa la ruche comme se sont employés à le faire la Grèce, l'Égypte, Rome, la Méditerranée et l'Occident. Le nom de l'abeille, en chinois, «*feng*», a presque la même sonorité que le mot «comte». L'abeille symbolise l'ambition et la capacité qu'un individu possède de s'élever dans la pyramide de la société. Nous voici aux antipodes de la ruche. Jusqu'à Mao Zedong en tout cas, la Chine a toujours préféré l'abeille amoureuse à l'abeille sociale…

L'*Encyclopédie des symboles* (La Pochothèque) cite de beaux textes chinois. «Pareil à l'abeille des champs, dit Min Cha Touo, prends ton plaisir de fleur en fleur, et fabrique le miel de ta vie avec les contraires et les différences.»

Rares sont les auteurs chinois qui admirent l'abeille pour son zèle, son labeur, son obéissance et son absence d'ego. La Chine ne veut voir dans l'abeille que la *pollinisatrice*, c'est-à-dire la fantaisiste, l'amoureuse et la voluptueuse. Dans l'Empire du Milieu, l'hyménoptère représente volontiers le jeune homme qui butine auprès des jeunes filles en fleurs. Nous sommes loin de l'abeille frigide de Virgile et de ses congénères chrétiennes. L'abeille chinoise est un individu. Cet individu aime le désir et les voluptés.

Mourir de solitude

L'âne déteste la solitude. L'abeille aussi. Un bourricot privé de compagnon est un bourricot malheureux. Il s'ennuie. On dit qu'il peut en mourir. L'abeille n'est pas plus vaillante. Elle ne sait pas vivre sans ses compagnes. Au début des choses, au temps de l'âge d'or, elle était libre, solitaire. Insouciante, elle ne connaissait que son plaisir. Un beau jour, un beau siècle, elle a eu l'idée de se rapprocher de ses contemporaines afin d'améliorer sa productivité. Ça a très bien marché, si bien que la mode s'est répandue, créant la famille des abeilles communautaires dont la plus luxueuse est l'européenne, l'apis mellifera. Depuis ce jour, dans cette famille-là, on n'imagine même pas de vivre loin d'une communauté. La mellifera aimerait mieux disparaître que de travailler toute seule.

Certaines abeilles ont refusé de sauter le pas. Dédaignant de se regrouper comme le font leurs compagnes, elles sont demeurées farouches et heureuses. Elles sont sauvages. Elles ignorent la ruche et détestent la cohue.

Elles sont innombrables : 90 % des abeilles sont solitaires. En Europe, on dénombre 1 500 espèces de libertaires. Cette immense peuplade méritera une halte mais nous en sommes, pour l'heure, à l'abeille qui fait nos ruches et nos miels.

Ainsi, nous le tenons ce trait commun à nos deux animaux, à l'hyménoptère et à l'*equus asinus*, c'est le besoin des autres. Cette identité est équivoque cependant. La sociabilité de l'âne n'est pas celle de l'abeille. L'âne est un cœur simple. Pas théoricien pour deux ronds et impropre à la prévision, il vit comme il aime. Il apprécie ses contemporains, voilà tout. Quand il est dans ses brancards ou dans sa prairie, il est joyeux si un autre bourricot passe à portée. Il ne calcule pas. Pas de simagrées et pas de mignardises. Il lui dit bonjour, fait du bruit et s'approche. S'il se frotte à un de ses congénères, ce n'est jamais par intérêt. C'est par plaisir ou par tristesse. C'est un sentimental. Non un fonctionnaire et pas un mondain non plus. Il obéit à ses désirs, à ses souvenirs. La solitude le dégoûte. Peut-être a-t-il besoin de sentir l'odeur de ses congénères ? de savoir qu'il n'est pas seul au monde ? Ou bien est-il rassuré de constater que ses frères endurent aussi les malices des dieux ? Sa doctrine est que, pour souffrir et pour pleurer, il vaut mieux être plusieurs qu'un seul.

L'intérêt que l'abeille porte aux communautés est d'un autre ordre. Certes, il faut avancer prudemment sur cette voie. Que savons-nous de la psychologie de l'apis mellifera ? Peut-être que la petite abeille à peine née, qui voit sa jeune compagne mourir sous le dard de la nouvelle reine, est bouleversée, mais rien ne le signale. Au contraire, la douleur de l'âne, si un de ses compagnons s'en va, est bruyante, ses plaintes démesurées abîment le silence.

Posons donc que la passion associative de l'abeille procède moins du cœur que du raisonnement, moins de la sensualité que de la nécessité. Chez l'abeille, tout est au service de la société, les comportements, les agendas, les travaux et les jours. « Un pour tous. Tous pour un ! » Tout est obligation et tout est sanction. Dans la ruche, la communauté obéit à la logique, à la mathématique, à la précision et à l'algorithme. Non au cœur. Pas un geste gratuit, insouciant, inutile ou déplacé.

*

À l'inverse, on ne voit pas du tout pourquoi l'âne préfère avoir un compagnon quand il gambade dans un pré. Il n'y gagne rien. Son avoine n'en sera pas plus abondante ni les ronces moins piquantes. Nulle nécessité ne le pousse. Inapte à l'organisation, jaloux de sa liberté, dédaigneux de la rationalité, incapable de prévision, fantaisiste et un peu fou, l'âne suit ses penchants et les demandes de son cœur. Imaginons une étable monumentale habitée par des milliers de bourriquets. Sans doute chacun d'eux sera-t-il content d'avoir de la compagnie. Mais, à coup sûr, cette communauté n'organisera ni la division du travail, ni le contrôle des naissances, ni la gestion des stocks d'avoine, comme la ruche se plaît à le faire. Dans cette étable colossale, se croiseront beaucoup de sentiments, des amours et des haines. Des ruades et des coups de sabot s'échangeront. Des braiments nous perceront les tympans. Mais on ne verra pas tous les ânes se priver de leur sexualité pour déléguer à l'un d'entre eux, roi ou reine, la charge de faire l'amour pour tous les autres. Même enrégimenté dans un vaste troupeau, le bourriquet vit pour lui-même, gère son propre destin, pas celui de l'étable. Chacun pour sa peau d'âne. Simplement, cette peau d'âne aime la peau des autres ânes.

Aventures

L'âne a fait quelques inventions qui jouent un rôle dans la vie des humains. C'est un bourricot de Touraine qui nous a appris à tailler les vignes. L'affaire est ancienne, IIIe ou IVe siècle, selon les sources. En ce temps-là, les vignes étaient chétives, les paysans ne savaient pas les traiter. Le raisin était rare et aigre. Un jour, saint Martin, celui du manteau coupé, ou peut-être saint Vincent, dont les cendres sont déposées dans l'église Saint-Germain-des-Prés, va se promener sur un coteau en traînant sa bourrique. En chemin, il rencontre des paysans au travail.

Pierre Dubois raconte : « Les saints, ça ne peut pas s'empêcher. Il faut toujours qu'ils évangélisent, qu'ils y aillent de leur refrain, c'est dans leur nature. Et sermonne que je te sermonne, mains jointes, les yeux au ciel et des causeries à n'en jamais finir. Ils prient et ils font prier tout le monde. Vincent (ou Martin) entreprend d'évangéliser son âne. »

L'âne connaît tout ça par cœur. Il s'ennuie. Il bâille. Il a faim. Il tire sur sa longe. Il se fait oublier. Puis il avise une buissonnance fraîche et verte. Il y met la dent et c'est très bon. Il se taille un chemin dans la vigne.

Jacques-Marie Rougé, dans *Le Folklore de la Touraine*, raconte en langage patois : « Et v'là qu'il a brouté une veugne. Et vlà-t-i pas que c'te veugne s'est asurvengée : elle a ameuné bein pu d'reuzins que ses vouésines. Z'alors tous y z'ont dit : "J'allons pendiment couper l'boute de toutes leus varges…" Et v'là c'ment que la taille de la veugne a fut t'appri aux houmes d'bounne volonté. »

Saint Martin et saint Vincent sont les deux patrons des vignerons.

*

À Verdun, en 1916, des monceaux de soldats sont morts. Ensuite on les a enterrés et ensuite leurs familles sont venues prendre leurs restes pour les ramener au pays natal et leurs enfants étaient nommés pupilles de la nation.

Des quantités d'ânes, également, ont été tués à Verdun. Avant de tomber au champ d'honneur, ils avaient rendu de grands services à l'armée puisqu'ils ravitaillaient les casemates disposées autour de Verdun. On les harnachait, on remplissait leurs paniers de boules de pain noir ou d'obus. On les lançait dans des boyaux et ils trottaient jusqu'aux postes avancés de l'armée française. Heureusement que la France avait encore des colonies car les ânes du Maghreb sont menus et costauds. Aussi faisaient-ils merveille, avec 150 kilos d'obus sur le râble, sur leur vertèbre absente.

Les Allemands ont compris le manège des ânes. Ils ont pilonné les boyaux et les ânes ont été déchiquetés. Un peintre de Corrèze, Raymond Boissy, s'était proposé, voici quelques années, d'ériger un monument à « l'âne inconnu ». Il avait ouvert une souscription dans ce but. Je m'étais inscrit mais je ne sais plus où est ce peintre.

On pense que 300 000 ânes du Maghreb ont été tués. Ils n'ont pas été enterrés dans des tombes. On les a jetés dans des fosses communes d'ânes. Quand ils étaient blessés, sur le chemin du retour, ils étaient bien contents de s'en sortir vivants car ils allaient retrouver leur maître, leur copain, le soldat qui s'occupait d'eux et qui les aimait bien. Mais un âne blessé ne sert à rien et le soldat les abattait et je crois que je vois l'or de leurs yeux, la nuit. La terre de Verdun est saturée d'ânes morts. Elle est pleine de fosses communes d'ânes. On creusait des grands trous. On y jetait les corps des gentilles bêtes, leurs petites cuisses, leurs petites pattes, leurs yeux, oui, leurs oreilles, et comment ne pas pleurer ?

L'abeille n'est pas souvent enrôlée dans les querelles des hommes. On cite le cas d'un corsaire du XVIIe siècle, qui expédia une colonie d'abeilles sur un navire turc, ce qui lui permit de capturer d'un seul coup 500 guerriers ottomans piqués et bouffis.

*

Beaumarchais aime les bêtes. Son chien, qui s'appelle Folette, est très connu dans le quartier car il porte un collier sur lequel est écrit : « Je m'appelle Folette et Monsieur de Beaumarchais m'appartient. »

En 1790, il se rallie à la Révolution. Il est nommé membre provisoire de la Commune de Paris et il spécule, il spécule. Il entreprend de vendre des armes aux soldats de la République et le voilà en ruine. La Convention le trouve suspect. La Terreur l'attrape mais il échappe à l'échafaud.

Un peu plus tôt, déjà, il avait cru que son heure sonnait. Un âne l'avait sauvé. Le matin, il avait vu devant sa porte un âne chargé de légumes. C'était une bête maigre et qui n'en pouvait plus. Ses jambes tremblaient. Elle trébuchait. Elle essayait de brouter la paille qui dépassait des sabots de la jeune paysanne qui la menait et cela lui valait des gronderies et des coups. Beaumarchais est ému. Il fait entrer l'âne dans sa cour, achète à sa conductrice tous ses légumes et les offre au bourricot. Un repas de gala.

L'après-midi, Beaumarchais est averti par un de ses voisins que la police le cherche. Son nom figure sur la liste des suspects. Des gens d'armes sont en chemin pour l'arrêter et ensuite, guillotine. Beaumarchais se sauve. Il s'éloigne de Paris et se retrouve dans la campagne sous la pluie. Où se cacher ? De la nuit partout. Il s'affole. Il aperçoit enfin une petite lumière. Il frappe à la porte. Il demande qu'on lui ouvre par pitié. On ne lui ouvre pas. Un paysan hurle à travers la porte : « Ah bien oui ! Ouvrir à l'heure qu'il est. Allez chercher vos dupes ailleurs ! »

Beaumarchais insiste. Il a peur. Les gardes rôdent aux alentours. Il est perdu. À ce moment-là, un âne se met à braire, ce qui est inhabituel à pareille heure. Une voix de jeune fille dit : « Mais mon père, ouvrez, ouvrez vite ! C'est le bon Monsieur qui a donné du foin à notre âne. » Beaumarchais est sauvé.

Les amours de Modestine et de Stevenson

Quelques années avant d'écrire *L'Île au trésor*, le 22 septembre 1878, Robert Louis Stevenson a envie de parcourir un bout de France dans les Cévennes. En ce temps-là, le chemin de fer roulait déjà un peu partout mais Stevenson craignait ces machines qui dissipent les heures, percent les montagnes et font de la fumée. Persuadé que la lenteur est « l'être du voyage », il détestait la vitesse effrayante des locomotives.

Il convenait que le chemin de fer permet de voir un grand nombre de paysages mais ça vous fait une belle jambe, un paysage, si vous le traversez à toute vitesse et les yeux clos, sans en incorporer les éléments, ses saules, ses abris de chasseurs, ses ruisseaux de vent. Le but de Stevenson, comme de tout poète, c'est de manger le paysage. Stevenson voudrait devenir le paysage. Et il estime que pour accomplir pareil exploit, le meilleur collaborateur est l'âne.

Il se rend à Monestier, au nord du Puy. Il loue un âne.

C'est une ânesse. Elle a du charme, de la délicatesse. Le dessin de ses lèvres est irréprochable, pense Stevenson, et ses braiments enchantent. Comme elle n'a point de vanité, Stevenson la nomme « Modestine », et pourtant, pour une ânesse des Cévennes, ce n'était pas un mince exploit que de devenir l'héroïne d'une aventure écrite par l'un des plus grands écrivains du siècle, même si cet écrivain, très jeune à l'époque, n'avait pas encore de réputation. Elle eût pu faire la difficile mais elle ne bronche pas. Son nom, comme sa race, fait échec à toute vanité. Modestine n'est pas une personne qu'on amadoue en lui décernant des médailles, des tableaux d'honneur et des prix de concours agricoles. Elle est fidèle à son nom et au génie terne, gris et lyrique de son espèce.

Que sa tête d'ânesse ne se soit pas gonflée d'importance est d'autant plus méritoire qu'au jugement des meilleurs critiques littéraires, et sans mépriser la contribution de Stevenson, c'est bien l'ânesse qui prend en main l'entreprise, jusqu'au style un peu dévoyé, fait de ruptures, d'énigmes et de foucades, du jeune Écossais. À l'orée de l'œuvre de Stevenson, l'ânesse, par ses étrangetés, son sens du drame, ses lubies, ses manières, les embrouillaminis de son esprit et la liberté de ses concepts, élabore en catimini un style qui, plus tard, permettra à Stevenson d'édifier ses autres chefs-d'œuvre, *L'Île au trésor, Dr Jekyll et Mr Hyde, Le Maître de Ballantrae*, etc. L'ânesse Modestine est un « art poétique». La mauvaise humeur de Stevenson à son égard s'explique sans doute ainsi – la rivalité littéraire.

En voilà deux qui se sont bien trouvés. Ils se mettent en marche pour le bonheur. Mais les grandes amours, il arrive qu'elles s'aigrissent, et le voyage des deux amoureux sera une longue scène de ménage. Dès le départ, à Monestier, Modestine prend la direction des opérations. Elle met les choses au point. Sous ses allures désinvoltes, timides et même tremblantes, elle ne s'en laisse pas conter. De cette banale balade, elle fait un opéra qui assure la beauté de l'aventure et la force du récit. Sans esbroufe, et par le seul effet de ses pulsions intermittentes, elle pousse son maître, Stevenson, à la mauvaise humeur, à l'injustice et à l'aigreur. Dieu sait cependant que Stevenson est un gentil garçon. Très jeune, vingt-huit ans, tout en séduction et en fragilité, dandy et brillant, avec des vestes de velours, de la drôlerie, le goût de l'opium, le bonheur d'être caressé des femmes et le malheur de la tuberculose, il aime la beauté, la tendresse et le sourire.

Ne craignant pas d'élever la voix de temps en temps, Modestine va changer tout ça. Elle jette Stevenson hors de son caractère. Le jeune homme délicieux se conduit en butor. Exaspéré par ce qu'il prend pour des défis de Modestine alors que celle-ci se contente d'exprimer son invincible besoin de liberté, Stevenson cogne l'ânesse, la pique au sang. Il ne lui sourit pas. Il ne peut plus la voir en peinture. Il hurle, l'insulte, la frappe. Il entreprend de détester ce qu'il avait d'abord aimé, ces lèvres bizarres et ces braiments. En plus, Modestine trébuche sur les cailloux et elle a des jambes grêles.

*

C'est à ce point que le génie de Modestine se déploie. Loin de se fâcher, elle pardonne. Elle répond au mal par le bien. Son indulgence est sans fin. L'Écossais a beau la frapper, elle ne le blâme pas. Elle le considère de ses yeux tristes et ne dit rien. Force est de reconnaître, alors, qu'elle ressemble au philosophe grec Épictète.

Épictète était un esclave lui aussi. Il avait pour maître Épaphrodite qui le punissait souvent. Un jour, Épaphrodite lui met la jambe dans un instrument de torture et serre. Épictète lui fait remarquer poliment que, s'il continue, il finira par briser la jambe. Et quand la jambe casse en effet, Épictète dit : « Tu vois, je t'avais prévenu. À présent, ma jambe est cassée. » Il ne lui fait pas de reproche. Du coup, il reprend le pouvoir. Il devient « le maître de son maître ».

Cet épisode a nourri plusieurs bibliothèques de philosophie. Et d'abord la dialectique hégélienne « du maître et de l'esclave ». L'esclave peut-il devenir le maître du maître ? Oui, répond Hegel, mais à la condition de mettre sa propre mort dans la balance, ce que confirme l'ânesse des Cévennes qui, comme tout *equus asinus*, est d'obédience hégélienne. Elle contemple cette espèce d'Écossais de très haut et de très loin. Il frappe. Elle ne le gronde pas. Elle pardonne. Elle fait penser à ces mendiants que l'on croise en Inde. Si vous leur donnez une roupie, c'est bien. Si vous ne leur donnez rien, ils ne vous insultent pas. Ils sourient. Ils vous consolent. Ils vous remercient du fond du cœur, l'air de dire « Ma foi, en ce moment, les choses ne vont pas trop bien pour moi. Tu ne veux pas me donner une roupie. C'est dommage parce que je n'ai qu'une jambe et ma mère vient de mourir, ma femme est partie avec un de mes amis et ma fille a le choléra mais il ne faut pas dramatiser. C'est un mauvais moment à passer. Dans quelques millions d'années, et après deux ou trois fins du monde, tu verras, ça ira déjà un peu mieux. »

La tactique de Modestine est payante. En vrai, ce n'est pas une tactique. C'est une philosophie. Une vision du monde. Une Weltanschauung, que l'on retrouve dans la plupart des ânes. En utilisant sa résignation comme arme de guerre, Modestine provoque une véritable conversion, une illumination, une révolution dans l'âme de Stevenson. Elle fait rouler au fond de l'Écossais des torrents de remords. Là-haut, dans les solitudes des Cévennes, se joue une scène aussi grandiose qu'un roman de Dostoïevski.

Stevenson tape sur Modestine et il devient triste. C'est comme s'il tapait sur son propre crâne. Le bruit de son bâton sur les os de l'ânesse est abominable. Stevenson est mangé de honte. Il invoque le dieu des bêtes et implore pardon. Il se jette aux genoux de Modestine, comme le vieux Karamazov s'affale tout le temps aux pieds de ceux qu'il a offensés.

Stevenson bat sa coulpe. Il ne le fera plus. Il écrit : « Le bruit des coups que je lui administrais m'écœurait. » Presque, il serait soulagé que Modestine lui décoche quelques ruades. Mais non, l'ânesse a toujours ce sourire infini car l'âne est le seul animal capable de sourire, comme la Bible l'avait bien remarqué. Elle répond au mal par la résignation éblouie de ses yeux. Modestine est une diabolique. Elle répond au mal par le bien. Elle pardonne. Comment voulez-vous que Stevenson se nettoie de ses remords ? Modestine ne fait rien pour l'aider à se purger de sa vilenie. La mansuétude de l'ânesse augmente la honte et par conséquent la colère de l'Écossais. Stevenson frappe encore mais cette fois, c'est pour se venger de l'infinie bonté des ânes. Et de la supériorité de leur intelligence.

La Fontaine a déjà dit tout ça :

Je suis âne, il est vrai, j'en conviens, je l'avoue ;
Mais que dorénavant on me blâme, on me loue,
Qu'on dise quelque chose ou qu'on ne dise rien,
J'en veux faire à ma tête. Il le fit, et fit bien.

*

Stevenson est ennuyé. Empoisonné même. Il se dénigre en se comparant à un autre écrivain anglais, l'aimable Laurence Sterne, qui, lui aussi, fit un voyage avec un âne en France mais un siècle plus tôt, et nous le raconte dans *Voyage sentimental à travers la France et l'Italie.* Un jour, dans la ville de Lyon, Sterne a eu un conflit avec son âne. Celui-ci, assez désagréable, refusait d'avancer sous le prétexte de grignoter des feuilles de chou et de navet. Sterne est furieux mais il ne frappe pas la bête. À la rigueur, il pourrait se mettre en courroux contre d'autres animaux, contre des chiens ou des puces, mais un âne, comment le malmener tandis qu'il vous considère et qu'il semble vous dire : « J'aimerais mieux que tu ne me frappes pas. Je ne le mérite pas. Pourtant, si tu veux le faire, ne retiens pas ta main. C'est dans l'ordre des choses » ?

Sterne commente cette échauffourée : « Quelle que soit ma hâte, je ne peux me résigner à frapper un âne. L'endurance inaffectée, la soumission à toutes les souffrances si clairement inscrite dans ses regards plaident avec tant de puissance que j'en suis toujours désarmé ; je ne peux même pas lui parler rudement ; bien au contraire, où que je le rencontre, à la ville ou aux champs, attelé sous le bât, libre ou captif, j'ai toujours de mon côté quelque civilité à lui offrir et, comme un mot en entraîne un autre, s'il n'a pas plus à faire que moi, nous finissons par lier conversation car mon imagination s'emploie tout entière avec une activité jamais dépassée à lire ses réponses dans tous les traits de son maintien ou, si je ne pénètre pas assez avant, à voler jusque dans son cœur pour découvrir qu'il est naturel qu'un âne, après un homme, sente. De tous les êtres inférieurs, l'âne est la seule créature avec laquelle un tel commerce me soit permis. »

*

Après treize jours de tribulations, de guerres et de réconciliations, Stevenson et son ânesse arrivent au terme du périple, à Saint-Martin-du-Gard. Ils signent une « paix des braves ». Cette paix donne de la noblesse à leur séparation. Stevenson revend son âne au diable. Il passe à l'aveu. « J'eus conscience qu'il me manquait quelque chose. J'avais perdu Modestine mais, à présent qu'elle était partie... Elle aimait manger dans ma main. Elle était patiente, élégante de forme, et couleur d'une souris idéale, inimitablement menue. Ses défauts étaient ceux de sa race, de son sexe, et ses qualités lui étaient propres. Adieu. Et si jamais... »

L'aventure se termine. Ses conclusions sont dures. Les plus belles amours ne sont-elles pas les amours condamnées ? « Nous nous aimons mais nous n'avons pas su nous dire notre amour et maintenant c'est trop tard. Demeurent le silence, le regret et le néant. » Le compagnonnage de Stevenson et de Modestine s'apparente aux grandes histoires d'amour. C'est ce qui fait de l'ânesse, sous ses allures frivoles, insolentes et taquines, un héros de tragédie. Stevenson ne mesure les vertus de la personne aimée qu'après qu'il est trop tard. Never more.

*

Modestine a illuminé le livre de Stevenson, et je serais tenté de dire qu'elle lui « a mis le feu ». La science de l'imprévu, qui inspire les bourricots, le goût que l'ânesse avait de tous les ânes du sexe opposé, les chemins indistincts de ses périples, l'incompréhensible et la brusquerie de ses options, cette curiosité intellectuelle enfin, insatiable, qui la poussait à entrer dans toutes les cours de ferme pour des raisons indécelables, nul doute que, de toutes ces vertus, l'écrivain fit son miel.

L'ânesse impose sa géographie. Elle emporte Stevenson loin des écrans de l'abominable GPS qui vous conduisent sans hésitations et en droiture au point exact que vous souhaitez atteindre. Modestine partage avec la totalité des ânes (mais pas avec le cheval. Oh non ! Pas avec le cheval !) un mépris avéré du GPS. Peut-être même de la boussole. Elle dispense les leçons d'une géographie rurale, paisible et périmée.

Délicatement, elle nous distribue des conseils de littérature qui devraient profiter à tous les écrivains et surtout à ceux que l'on nomme depuis une vingtaine d'années les « écrivains-voyageurs ». Certes, le périple de Modestine est microscopique. Une épopée de Lilliput. Mais justement, par son comportement fantasque, elle nous enseigne que le vrai voyageur n'est pas celui qui file tout droit et bouffe des kilomètres comme l'oiseau migrateur. Le vrai voyageur est celui qui se perd, qui ne va nulle part et qui n'a montre ni boussole.

Comparons l'âne et la barge rousse que les « Étonnants Voyageurs » de Saint-Malo ont toujours porté au pinacle. Voilà une baroudeuse inusable. Superlative. Une championne. Chaque année, elle joint l'Alaska à la Nouvelle-Zélande et elle en revient. Elle avale des milliers de kilomètres mais, en réalité, elle ne bouge pas. Elle n'est qu'un métronome. C'est un bolide. Elle ne voit rien. Elle se fiche des paysages, des rencontres, de l'imprévu, des voies secondaires, des sentiers qui vont à l'envers. Elle vole de l'Amérique à l'Océanie. Et après ? Après, elle vole de l'Océanie à l'Amérique. Elle se pose à l'endroit exact d'où elle avait décollé et, pour comble, à l'heure exacte. Jamais une minute de retard. L'oiseau migrateur est un horaire Chaix. Vous parlez d'un voyageur !

Heureusement, il arrive qu'un oiseau migrateur s'endorme en volant, ou bien manque une bifurcation, et qu'il atterrisse avec quelques congénères en Namibie quand il visait son habituelle Angola. Cette erreur est pain bénit. Enfin, le pauvre oiseau est obligé de s'installer dans une nouvelle contrée, de l'aimer ou de la détester, d'avoir des sensations et des sentiments, des surprises, des difficultés, des merveilles. C'est ainsi que procédaient les anciens explorateurs, les vrais inventeurs du globe. Ils en avaient assez de suivre la ronde des astres domestiques, de ne connaître que des chemins balisés, de faire la navette entre leur ferme et leur champ de blé, et ils allaient se perdre dans l'inattendu des choses. Modestine applique la même méthode. Elle va au hasard, elle change de projet à chaque tournant, elle ne sait jamais où elle se trouve, elle invente à chaque pas une nouvelle géographie quand l'oiseau migrateur, à chaque battement d'ailes, l'abolit.

Modestine professe que le chemin le plus beau est le chemin le plus enchevêtré. Pour elle, au contraire de l'abeille, chaque jour est un nouveau soleil et jamais ne reproduit le précédent. Elle ne trotte que dans l'imprévisible. Elle excelle à découvrir le sentier qui bifurque, celui qui fait des tours et des détours et qui revient sur lui-même, comme font les souvenirs, comme font les belles amours, afin de mettre les journées en pièces et de s'égarer dans les géographies du temps comme elle sait si bien le faire dans celles de l'espace.

Ce n'est pas Modestine qui respecterait des itinéraires et des horaires ! Les cartes de géographie, les rhumbs et les astrolabes, la longitude et la latitude, elle s'en passe. Elle ignore l'espace et le temps ensemble ou plutôt elle les mouline à sa mode. Elle n'accepte pas qu'ils rognent sa liberté, sa sensualité, ses contradictions, ses envies. Modestine n'obéit qu'à ses goûts. Et aux goûts des autres car elle est émotive et compatissante.

*

Modestine rejette la loi et le règlement. Tandis que l'abeille, dans les stratégies qu'elle a imaginées pour s'arracher à l'histoire, accable sa cité de contrats, d'interdits et d'obligations, de lois et de décrets, l'âne, qui veut lui aussi et avec la même constance que l'abeille se mettre en congé de l'histoire, emprunte la voie opposée. Ses armes sont la fantaisie, l'insoumission déguisée en obéissance, la volupté, l'oubli. Libertaire comme Montaigne et la bande à Bonnot, il entreprend de se donner le branle quand l'envie de branle le prend.

Grâce à ce génie tout en foucades, le voyage avec Modestine se pare de trois vertus littéraires. Il est agréable car sans cesse inattendu. Il est unique car sans antécédent et sans imitateurs, et d'ailleurs non reproductible. Il est instructif car il avance en pays irrévélé. De toute terre familière, il fait terre nouvelle. Modestine modifie son projet au bout de chaque champ. Elle se surprend elle-même. Il lui arrive de négliger un panorama sublime et qu'elle projetait d'explorer pour se consacrer, à sa propre surprise, mais terrassée de bonheur, à la contemplation d'une touffe de folle avoine, à une vieille charrue à l'abandon. Un rien la déporte de son erre. Elle ne goûte que l'inattendu et le déraillement. Son regard magnifie tout ce qu'il scrute. Comme le Quichotte, elle voit une princesse dans une servante d'auberge.

Pour Modestine, la terre est à venir. Un pays se fabrique à mesure qu'on le parcourt, c'est pourquoi il est toujours neuf et frais comme un chardon. Le monde n'est pas au monde. Le monde est un dévoilement, un « devisement ». La géographie de Modestine n'est pas celle des mappemondes. Stevenson est largué. Il ne comprend rien aux décisions de sa monture. « Modestine, possédée du démon, jeta son dévolu sur un chemin de traverse et refusa positivement de le quitter. » L'Écossais qui ira se perdre plus tard dans les horizons interminables du Pacifique n'arrive pas à comprendre que, pour Modestine, l'exotisme commence à deux pas de son logis, à condition qu'on soit perdu. Modestine est un vrai voyageur. Elle s'avance toujours en terra incognita puisqu'elle invente ses routes et ses étoiles à mesure de ses distractions, de ses désirs et de ses étourderies.

Stevenson grogne mais puisque Modestine s'est attribué la gestion de la logistique, il est bien obligé de s'incliner. L'ânesse convertit ce petit bout de Massif central en labyrinthe. « Au sommet du Goulet, il n'y a plus de routes. Une multitude de chemins campagnards conduisaient par les champs. C'était un labyrinthe. Voici une route qui aurait conduit partout à la fois. La route a disparu. »

Stevenson fait des progrès. Il se dépouille de ses habitudes de voyageur cultivé de la fin du XIXᵉ siècle. Il accepte que le vrai voyageur est celui qui s'égare. À un moment, il s'extasie : « Un voyageur surgit, évadé d'une autre planète. » Grâce aux leçons de Modestine, il apprend à explorer le catimini d'un paysage, son inaperçu et presque son absence. Il réussit à pénétrer dans des lieux qui ne sont pas. Un soir, le couple Modestine-Stevenson arrive, après une longue digression, à un lac qui n'existe sur aucune carte et qui sans doute n'exista jamais. À la même époque, Arthur Rimbaud, que Mallarmé appelle « le voyageur toqué » (quel beau nom et qui conviendrait à Modestine !), décrit son passage du Saint-Gothard : « Plus de routes. Rien que du blanc à songer, à toucher, à voir ou ne pas voir. »

*

Cette philosophie voyageuse a un prix. Le couple homme-ânesse perd beaucoup de temps. Modestine, avec sa manie d'essayer tous les chemins, toutes les pattes-d'oie et tous les ronds-points, progresse comme un escargot. Un escargot insouciant. Modestine ne s'en fait pas. Elle marche à tout petits pas, à très jolis tout petits pas, si bien qu'elle multiplie le temps par trois. Stevenson a fait le calcul. Un parcours qui eût demandé à un homme une heure et demie, Modestine le boucle en quatre heures. Vous parlez d'un bolide ! Ce n'est pas l'abeille qui gaspillerait ainsi son temps : est-elle en retard d'une minute pour nettoyer ses cellules, le prince absent qui commande à la ruche la rappellera à l'ordre.

L'âne a d'autres temps à fouetter. Le temps des hommes et le temps universel ne le concernent pas. Il vit dedans, comme tout le monde, mais il n'en fait pas une religion. Il ne se promène pas dans nos calendriers. Le chat aussi fait semblant de partager nos heures mais, si vous regardez ses yeux, son regard absent, vous comprendrez qu'il réside ailleurs et bien loin. Il a laissé son corps sur le canapé, par courtoisie et pour donner le change, comme pièce à conviction et comme alibi, mais il est sorti silencieusement de sa peau et c'est en d'autres résidences qu'il ronronne, en d'autres compartiments du temps.

L'âne procède comme le chat. Ces parentages entre le chat et l'âne me plaisent. Parfois, je me demande si, au lieu de limiter cette fable de zoologie comparée à l'âne et à l'abeille, je n'aurais pas dû en élargir le champ et enrôler le chat dans ma troupe. Mais d'autre part, les similitudes entre le chat et l'âne sont contredites par quelques différences massives, le chat étant un sublime silence alors que l'âne est un silence tonitruant, le chat étant au surplus souple comme un chat alors que l'âne est raide comme un âne.

J'ajoute que l'âne et l'abeille me donnent déjà beaucoup de fil à retordre. Je n'ai pas eu le courage de me charger, en plus, du chat. Autant la première partie de cette fable, celle que je suis peut-être en train de finir (relever les différences entre l'équidé et l'hyménoptère), fut assez confortable, autant la mission qui m'attend à présent (déceler des convergences entre l'abeille et l'âne) s'annonce escarpée. Passionnante on l'espère, mais pas commode. Ajouter le chat à cette entreprise serait épistémologiquement fondé mais philosophiquement fatigant.

*

Modestine ne marche pas dans les mêmes campagnes que nous. Pénétrée de l'idée que l'exotisme est l'autre nom de l'inconnu, de l'inconnaissable, elle n'appartient pas à l'école des grands pérégrins occidentaux (Hérodote, Plan Carpin, Ruysbrouk, Ibn Battuta, Joseph Conrad et Pierre Loti) qui voyagent pour voir, connaître, découvrir, dresser le cadastre des choses, préparer l'aventure des cartographes. L'ânesse se recommande plutôt de certains voyageurs extrême-orientaux. Elle préconise des itinéraires d'aveugle et des excursions dans le rien, dans l'absence, dans l'irréalité de la terre. Elle refuse que le lointain devienne du proche, que l'insolite s'estompe dans le familier, que l'inconnu s'abolisse dans le connu et que le rien fasse mine d'être de l'Être.

Sa devise, l'ânesse l'emprunte à ce vieux moine coréen, Sun Joà Hé : « Je ne connais de voyageurs que sourds, muets et si possible aveugles. » Un autre grand voyageur a appliqué les préceptes de Modestine, c'est Nicolas Bouvier, mort voici quelques années, et qui fut le plus grand des écrivains-voyageurs. Quand il est dans l'île d'Aran, en Irlande, aux prises avec une tempête terrible, il nous raconte : « On me dit qu'il n'y a rien à voir, dans ce coin, et cela m'alerte. Ce rien me plaît. » Aussitôt dit, aussitôt fait. Bouvier se précipite dans ce rien et, dans ce rien, il trouve tout. Bouvier est un âne (comme les chats, comme Pierre Dubois, comme Francis Jammes, comme tous les grands itinérants du songe et de la nuit).

*

Les kabbalistes juifs avaient remarqué que le mot « âne » contient les mêmes lettres que le mot *matière*. Ils en avaient tiré la leçon que l'âne est maître des secrets.

Les sagesses lointaines de Modestine le confirment et tant pis pour le sens commun qui tient l'âne pour un imbécile. Même Stevenson, si subtil cependant, n'est pas loin de penser que la cervelle de Modestine est petite. C'est une sottise. Si Modestine est bête, c'est à la manière du prince Muichkine, dans *L'Idiot*. Comme le héros de Dostoïevski, l'âne possède l'intelligence seconde. Sa bêtise est celle du génie.

Modestine sait tout. Elle ne trotte pas dans les mêmes prairies que nous. Comme elle est tendre et qu'elle a horreur de faire de la peine aux hommes, surtout aux jeunes écrivains écossais et tuberculeux, et de leur montrer combien leur esprit est borné, elle cache son jeu. Par délicatesse, elle fait mine de partager nos soucis, nos bonheurs et nos mappemondes, mais elle règne sur d'autres duchés. Elle arpente aimablement nos combes et nos thalwegs. Elle fait histoire commune avec nous mais c'est une illusion, une politesse, une bonne manière. Elle nous fait une grâce. En vérité, elle ne marche pas dans nos saisons et sous nos horizons. Elle gambade dans des printemps et des hivers auxquels nous n'avons pas accès. Dans la trame du temps, dans les complications du temps, elle a découvert un faux pli, un accroc, et elle a pris la poudre d'escampette. Elle s'est sauvée du temps. Sur ses sabots minuscules que Stevenson admirait tellement, elle trottine, elle arpente inlassablement des prairies où ne sonne point l'heure.

*

L'expérience de Stevenson dans les Cévennes confirme qu'Édouard Drumont, celui de l'affaire Dreyfus, hélas, avait porté un diagnostic très lucide sur l'âne. Comme les «nègres» d'Henri Guaino, le conseiller inspiré de Nicolas Sarkozy, les ânes ne sont pas encore entrés dans l'histoire. Mais, contrairement aux «nègres» de Guaino, Modestine, elle, n'a aucune envie de se mêler à cette Histoire qu'elle déteste. Le cheval est au contraire : c'est un produit du temps. Il se renouvelle de siècle en siècle et sa figure n'est jamais la même : cheval de cirque ou de labour, de randonnée, de somme ou de bât, pommelé ou alezan, cheval de Geronimo ou de Buffalo Bill, beau cheval caparaçonné d'Henri IV ou pur-sang anglais, Facteur Cheval et cheval d'arçon, cheval de frise, cheval d'orgueil et cheval de manège, chaque siècle et chaque lieu produisent leur modèle, alors que l'âne, si fantasque cependant, si imaginatif et rebelle à nos conseils, a été fabriqué une fois pour toutes, au commencement des choses, et, depuis, il ne change pas.

Sans doute, il est plusieurs espèces d'ânes et celui du Tibet n'est pas celui du Moyen-Orient. L'âne de Provence avec sa petitesse et son courage illimité est bien différent du grand noir du Berry, mais les uns comme les autres ont cette conviction commune : ils n'ont aucune envie d'évoluer. De la Mésopotamie et de l'Égypte jusqu'au Cap Canaveral, l'âne n'a enregistré ni progrès, ni régression. Anticipant les analyses de Drumont, Albrecht-Konstanz Lemher le rangeait déjà, dès le XVIᵉ siècle, parmi les êtres platoniciens. « Semblable à lui-même en tous temps et en tous lieux, disait-il, chaque âne est une idée d'âne, et s'il broute, ce n'est point dans la prairie voisine mais dans les siècles des siècles. » Il ajoutait cette remarque troublante : « L'âne vaque parmi nous, dans nos champs et dans nos villages, mais il fonctionne comme un leurre de lui-même. L'âne est le cache de l'âne. C'est sur les chemins de l'éternité que ses petits sabots le portent. »

*

Cette syncope du temps, dans la puissante philosophie de l'âne, n'est pas sans conséquences. Certains l'invoquent pour expliquer aussi bien la sobriété de l'âne que son endurance et l'indulgence avec laquelle il considère les provocations et les foucades de ses maîtres. Immergé dans une durée sans bords, locataire d'espaces que nous ne pressentons pas même et picorant dans les diverses strates du temps, le bourricot excelle à relativiser les spectacles du monde, que ceux-ci aient les charmes du chardon ou les inconvénients du bâton et de la pique. Il juge du point de vue de Sirius. Tout est illusion, c'est cela le credo de l'âne, c'est pourquoi il accueille les mauvaises actions des hommes, leur égoïsme et même leurs forfaits d'un cœur indulgent.

Telle est la philosophie qui permet à l'âne de pardonner aux hommes leurs méfaits, de considérer leur vieux et inusable malheur avec cette attention distraite qui est l'autre nom de la tolérance. Certains font grief à l'âne de cette tolérance : « Aimer tout le monde, arguent-ils, c'est n'aimer personne. » Ils disent aussi : « La bonté des ânes, leur manie de pardonner, ne serait-elle pas le déguisement d'une extraordinaire indifférence ? » On a parfois l'impression que l'âne, du haut de l'empyrée qu'il partage sans doute avec quelques sages tibétains, réduit à la même insignifiance tout ce qui s'offre à son attention, le mal et le bien, le généreux et le mesquin, le grandiose et le ridicule. L'âne serait dans le règne animal ce qui se rapprocherait le plus de cette école philosophique née en Grèce et qui porte le nom de scepticisme. En somme, le contraire des idéologues, mais reconnaissons au passage que, dans l'histoire, les sceptiques ont causé moins de ravages que les idéologues. C'est au nom de la race, au nom des dieux, au nom de la philosophie, au nom du prolétariat ou de l'aristocratie, que les hommes ont égorgé les hommes par milliards. Mais, si vous ne croyez ni à la nation, ni aux honneurs, ni aux lendemains qui chantent, ni à vous-même et ni à la réalité du réel, pourquoi donc auriez-vous le besoin de malmener les autres ou de les torturer ?

N'est-ce pas ce scepticisme sans limites qui expliquerait le goût que l'âne a des rencontres insignifiantes, la facilité avec laquelle il entre en commerce avec le premier âne venu, l'intérêt qu'il porte à des choses triviales, un vieux morceau de journal, un buisson de ronces ? Cette comédie énervante qu'il joue quand il fait semblant de se délecter d'un chardon qui lui racle le gosier et les organes nous adresserait en réalité un message clandestin et assez perfide : « Vous autres, chevaux de distinction, et vous, hommes de peu d'éternité, et vous, abeilles butineuses et abeilles de la cire et du miel, du nectar et du pollen, de l'ordre et de la bêtise, vous vous décarcassez afin de consommer des mets exquis, de revêtir des costumes somptueux et des harnachements en cuir de Cordoue et en acier de Damas, mais nous autres, les ânes, nous les mendiants et les abandonnés, nous nous contentons de peu : quelques cordes nous font un harnachement et, s'il faut que luise notre robe, pour autant qu'on puisse parler de robe, pas besoin de brosses et d'huiles essentielles, nous nous mettons les quatre fers en l'air et nous nous frottons à la terre. Nos repas sont maigres. Un chardon nous enchante. »

On voit que l'âne n'est pas chiche en leçons de philosophie, même si ces leçons paraissent au début un peu éparpillées, un peu contradictoires. Avec l'usage, on entrevoit peu à peu leur cohérence : étranger au temps et à l'histoire, forgeant lui-même sa cartographie, indulgent à la méchanceté et sensible à la bonté, acharné à ne pas distinguer entre la joie et le malheur, entre le blanc et le noir, sceptique en somme, et même un peu nihiliste, toutes ces postures intellectuelles composent à la fin une même conviction. L'âne est un adepte des philosophies les plus troublantes que l'esprit humain ait jamais engendrées : il milite en faveur de cet idéalisme absolu que pratiquent quelques égarés de génie. De l'histoire et de l'architecture, du chant, des récoltes de blé et des jours et des nuits, il ne retient qu'un théâtre d'ombres. Dans les yeux de ciel et de nuit d'Aliboron, le monde se ratatine et s'élargit à ce qu'il est peut-être : une fascinante illusion.

Bander comme un âne

L'abeille n'est pas très luxurieuse. L'âne, oui ! Arthur Rimbaud s'en était avisé. Son « vieillard idiot » qui est Rimbaud lui-même, et qui se rappelle ses premières curiosités sexuelles, confesse sa gêne ou son enthousiasme :

Pardon, mon Père !
Jeune, aux foires de campagne,
Je cherchais, non le tir banal où tout coup gagne,
Mais l'endroit plein de cris où les ânes, le flanc
Fatigué, déployaient le long tube sanglant
Que je ne comprends pas encore !...

L'âne est moins pudibond que Rimbaud qui ne l'était pas tellement. Ce « long tube sanglant » qui troubla le petit Arthur, la bête ithyphallique en tire vanité. Elle l'exhibe, et la gêne, elle ne connaît guère. Elle déploie ce tube à tout bout de champ. Dès son premier émoi, elle le développe sans façons, et tant pis si cet organe étonne et choque et embarrasse et fait rougir les demoiselles qu'il promène dans les carrioles enrubannées de la comtesse de Ségur, au milieu des printemps.

Dans l'exercice de la bandaison, l'âne compte large. Sa générosité est sans limites. Il bande à tout va. Il bande en tous lieux, sous tous les ciels, ceux de l'Anatolie et ceux de l'Inde, en tous siècles, et avec une gaîté, une constance et une candeur jamais démenties. Voltaire imagine, au chant XX de *La Pucelle d'Orléans*, que l'âne tente de séduire Jeanne d'Arc, sans succès.

Le verbe « bourriquer » a deux acceptions : dénoncer quelqu'un aux policiers ou accomplir l'acte sexuel. Marcel Aymé, dans *La Jument verte*, écrit : « Oui, Monsieur le curé, la honte pour moi ! Et les compliments, et l'argent, et les tabliers à fleurs pour la rusée qui mène maintenant la vie du ventre de Paris après qu'elle a commencé chez elle de se faire bourriquer par son père. »

*

Juvénal, qui goûte les vertus, assure que les matrones romaines sont indulgentes aux ânes. Elles les aiment. Il maudit ces mauvaises femmes. Il assure que les fêtes de Bona Dea, la déesse de la chasteté, dégénèrent en orgies et que c'est une vergogne. La musique et le vin transforment les matrones en ménades. Elles cherchent un corps, d'esclave ou de marchand ambulant, qu'importe, pourvu qu'il soit membré. En cas de pénurie, elles sont désemparées et se rabattent sur un âne par lequel « elles se font couvrir ». Ces débordements sont surprenants et certains supposent que Juvénal, qui est un homme grognon, ringard et bégueule, noircit le tableau, mais nous sommes au IIᵉ siècle après Jésus-Christ et le culte de la chaste Bona Dea est célébré depuis le début du IIIᵉ siècle avant Jésus-Christ. Peut-être les mœurs se sont-elles dégradées.

Une autre déesse, également spécialisée dans la chasteté, Vesta, que certains confondent à tort avec Bona Dea, avait, elle aussi, des accointances avec l'âne qui formait son emblème. Chaque année, les vestales de Rome, le jour de leur fête, le 8 juin, organisaient un défilé d'ânes couronnés de fleurs. Quelques siècles plus tard, en France, l'Église célébrera des fêtes de l'âne. Messire l'Âne visite l'église, dans un charivari de hi han poussés par les fidèles, et les nuits de la crypte tendent à l'orgie.

L'empereur Commode, fils de Marc Aurèle cependant, était un grossier personnage, doté d'une force extravagante, et dépravé comme un Caligula. Il ne se contentait pas de sa maîtresse Marcia, qui du reste finira par l'étrangler. Il avait aussi un amant dont le phallus était immense. Il l'appelait, tendrement, « mon âne ».

Au XIIᵉ siècle, Hildegarde de Bingen, bénédictine allemande, s'illustre en beaucoup de disciplines. Musicienne, mystique, linguiste, médecin, chimiste et philosophe, Hildegarde est une des quatre femmes honorées du titre de docteur de l'Église (avec Thérèse d'Avila, Thérèse de Lisieux et Catherine de Sienne). Dès le XVIᵉ siècle, le peuple la voit comme une sainte et Benoît XVI fera de même en mai 2012. Elle invente un alphabet qui n'est écrit que par elle. Sa curiosité est infinie. Elle s'interroge sur le phallus de l'âne dans le *Physica, sive Subtilitatum diversarum naturarum creatutorum libri novem, sive Liber simplicis medicinae.* Son idée est que l'âne a des accointances avec l'homme et qu'il en recherche la compagnie, ce qui est exact. Elle ajoute que l'âne bénéficie d'un excès de force, ce qui le pousse à la fornication.

*

Le cheval fornique aussi. Rimbaud qui, décidément, porte une attention démesurée à la sexualité des équidés, a la nostalgie des chevaux primitifs :

Les anciens animaux saillissaient, même en course,
Avec des glands bardés de sang et d'excrément.

Tel était l'âge d'or – l'âge du sang et des excréments ! Hélas, l'Éden a refermé ses portes, l'Éden, l'Éden ! À présent le cheval comme le bœuf « ont bridé leur ardeur ». L'âne, lui, n'a pas bridé la sienne. Il est têtu. Il met son honneur à la proclamer et à la mettre en scène. En présence d'une ânesse et si la période est favorable, il émet des signes intenses et brefs : il produit d'énormes braiments et il respire à toute vitesse le corps de sa partenaire. Il en analyse les phéromones par le moyen d'un dispositif perfectionné, l'organe voméro-nasal, dit de Jacobson, situé sous le palais et qui lui permet de détecter certaines odeurs. Il prend alors l'attitude connue sous le nom de *flehmen*. Il relève la tête et avance la lèvre.

Dans ces moments d'enthousiasme, l'âne est expansif. Sa respiration fait beaucoup de bruit, après quoi il procède au chevauchement. Mais ce premier chevauchement n'est pas accompagné d'érection. L'âne y sacrifie seulement pour se dégourdir et vérifier l'état de ses mécanismes, un peu comme les sportifs se livrent, avant la vraie course, à quelques séances d'échauffement. L'ânesse a beau manifester son accord et supplier, le baudet ne copule jamais aussitôt, soit qu'il ait besoin d'un peu de comédie pour chauffer la machine avant de la mettre à feu, soit qu'il souhaite augmenter le désir de l'ânesse, comme Stendhal recommande de le faire, en alternant les indices de la passion et de l'indifférence. Pour gagner du temps, il bande à moitié, d'un air négligent, et certains observateurs disent même blasé, hautain ou désinvolte.

Pendant ces cérémonies, l'ânesse ne chôme pas. Elle est plus décidée que cet « amant de Buridan » dont les atermoiements l'exaspèrent : « Tu veux ou tu veux pas ? » La conduite énergique de l'ânesse confirme les thèses de Tirésias, le devin de Thèbes qui posséda tour à tour le sexe féminin et le sexe masculin, et qui profita de cette faveur pour informer Zeus et son épouse Héra que la jouissance de la femme est neuf fois plus puissante que celle de l'homme.

Ce jour-là, Tirésias aurait mieux fait de se taire. Il avait trahi le secret le mieux verrouillé du monde. Héra, vexée que la fureur génésique des femmes, si soigneusement camouflée par les femelles, ait été publiée par cet agent double de Tirésias, ce traître, ce « rapporteur », frappe le devin. Elle le fait aveugle. Pas de chance ! Tirésias était sur le point de lever le voile qui masque la sexualité féminine, et les chercheurs auraient pu exploiter ses informations et ses souvenirs, mais, à la suite de l'altercation qui opposa sur ce point le devin à Athéna, Tirésias la boucla à jamais. Le silence succéda et les recherches sur la jouissance féminine, si intéressantes cependant, sont au point mort. On ne sait toujours pas grand-chose. Même le point G a fait un bide. Freud, après avoir longuement réfléchi, donne sa langue au chat. Il n'y comprend rien du tout. La sexualité féminine est un *continent noir*. Faut-il le déplorer et blâmer Tirésias d'avoir irrité Athéna qui a celé à jamais le secret de la sexualité féminine ? Certains se tâtent. Ils disent que ce secret forme le moteur même du désir, sa seule vertu, son combustible, et qu'une sexualité sans ténèbres serait encore plus ennuyeuse que l'autre. Le déduit amoureux deviendrait moins distrayant qu'une partie de badminton.

Moins mijaurée qu'Athéna, l'ânesse est franche du collier. Elle ne connaît pas les timidités, les ruses ou les distractions de son compagnon. Quand le temps est venu des accordailles, elle ne pense qu'à ça. Vingt-quatre fois par jour, elle s'approche de l'âne, à en croire les calculs du physiologiste Charles Henry. L'âne y répond six fois par jour, ce qui n'est déjà pas si mal, mais l'ânesse a encore une petite faim. Contrairement à Athéna et aux femmes, elle ne dissimule pas ses états d'âne. Elle expédie une foule de signaux : mâchonnements, à croire que sa bouche est remplie de rahat-loukoum et de caramels mous, oreilles couchées et queue relevée, miction. L'âne continue de faire le gandin. Il réagit paresseusement. Il fait mine d'avoir d'autres soucis ou d'autres projets. Enfin, il se résout à développer son pénis, mais partiellement. On croirait qu'il joue une comédie, un « jeu de rôle ». De temps en temps, il sort son truc puis le rembobine. Il se roule par terre, respire tous les crottins à portée, fabrique lui-même d'autres crottins en vue d'uriner sur eux, et se masturbe.

Ces préalables accomplis, l'acte d'amour peut commencer. Le choix du baudet est vite fait. Plus exactement, le baudet ne choisit guère. Toutes les ânesses sont identiques à ses yeux. L'une vaut l'autre. Et pourquoi l'âne se fatiguerait-il à élire l'une et à éliminer l'autre ? Elles sont toutes des « ânesses sans qualité », et toutes délicieuses, comme le sont tous les bourricots. Mâles ou femelles, ces prolétaires du monde animal, ces « sans-caste », ces « intouchables », ne sont pas dotés d'une personnalité. Si ça se trouve, ils n'ont même pas d'ego, de « moi ». Ils se valent tous. Une même misère.

L'âne saillit donc les femelles qui s'approchent de lui, celles qui entrent dans son territoire. Autant il s'est montré hésitant pendant la période de chauffe, autant le voici à présent déterminé. Il agit par surprise. Il fait les cent pas dans sa prairie. Il a l'air de penser à autre chose. C'est un rusé. Il grignote des herbes. Il rêve. Il croque un chardon. Et soudain, le voici qui se dirige vers la femelle. Il la couvre. Il effectue cinq ou six allées et venues du pénis et il éjacule. Ensuite, l'ânesse urine. Elle maintient sa queue soulevée pendant quelques minutes. Les saillies se répètent au rythme d'une toutes les 90 minutes à peu près. Une ânesse, durant ses chaleurs, peut être aimée dix-huit fois au cours de la même période.

*

C'est pourtant l'âne et non l'ânesse que la littérature, la mythologie et l'esprit public consacreront comme symbole de la luxure, non sans ambiguïté d'ailleurs : l'âne est dénoncé par les hommes comme un obsédé sexuel, avec un peu de mépris, mais on sent bien que flotte ici et là une admiration masquée pour ses performances, un brin de jalousie. Dans le monde grec, il a été comparé à Priape qui est le dieu des jardins, de la navigation, de la vigne et aussi de la gestation. Priape est un dieu ithyphallique. Son sexe n'est pas seulement colossal, mais encore en état d'alerte constant, au point que les hommes atteints de priapisme doivent recourir aux savoirs de la faculté pour alanguir leur organe. Une question importante se pose alors : de l'âne ou de Priape, lequel manifeste le plus gros appétit ? Cette incertitude énervait déjà les Grecs qui organisèrent un concours, un « sondage d'opinion ». Ils voulaient en avoir le cœur net. Dans la majorité des cas, les juges ont donné la palme à Priape, encore que Lactance défende l'opinion contraire et pense que l'âne est un Priape amélioré.

À cause de sa mauvaise réputation, l'âne est généralement utilisé, à Rome comme en Grèce, pour assurer la police des mœurs. Une femme adultère est hissée sur le dos d'un âne et promenée dans la ville, accompagnée de la clameur admirative ou hargneuse des citoyens. Parfois, l'homme et la femme adultère subissent ensemble le châtiment. Au Moyen Âge, en France, on observe une variante. Celui qui est exposé aux moqueries, ce n'est pas la femme adultère, c'est le mari trompé. Celui-ci subit la « double peine ». Il est à la fois moqué par sa femme et châtié d'être moqué. Par un raffinement de sadisme, le pauvre type est installé à l'envers sur sa monture asinienne et voué aux quolibets d'une foule aux anges.

En Espagne, dans les temps de l'Inquisition, les sorcières sont emmenées au bûcher juchées sur un âne, comme si les rois catholiques voulaient ajouter au désagrément d'être brûlé celui de chevaucher un animal impur. Normal : on sait que les sorcières avaient le double travers d'entretenir commerce avec le diable et de posséder un appétit sexuel exagéré.

Des textes grecs assurent que des milliers d'ânes furent sacrifiés à Priape. Les spécialistes ne le croient guère. Ils affirment que l'âne n'est jamais immolé en Grèce car, aussi malmené soit-il, il est enveloppé d'une aura sacrée. Telle serait la position instable de l'âne : vilipendé, relégué au rang de l'esclave ou du manant dans la société civile, moqué et battu, désigné comme un sale obsédé sexuel, il serait cependant un peu sacré et proche du monde des dieux. Il n'est pas indifférent qu'il serve volontiers de monture à plusieurs résidents de l'Olympe, tels Dyonisos (Bacchus à Rome) ou Silène, qui est le fils de Pan, d'Hermès ou peut-être d'Ouranos et à coup sûr l'éducateur de Dyonisos-Bacchus. À Rome, l'âne, monté par Silène et entouré d'outres pleines de vin, est le centre des fêtes orgiaques.

*

Ici se noue un de ces mystérieux entrelacs qui rapprochent en les éloignant l'abeille et l'âne. Silène, qui chemine volontiers à dos d'âne, est l'éducateur de Bacchus. Or Ovide nous enseigne que Bacchus fut le découvreur du miel, de sorte qu'Ovide figure dans la brève liste des philosophes qui conduisirent des études comparées entre les ânes et les abeilles, au côté de Francis Jammes, d'Aristote et de Pierre Dubois.

Ovide raconte. Bacchus, flanqué de son escorte de satyres, revient de Thrace. Il va en Macédoine. La bande fait de la musique. Cette musique attire des insectes inconnus. Bacchus les recueille, les installe dans un tronc d'arbre, inventant au passage la ruche. Silène, le vieux satyre au crâne chauve, arrive à califourchon sur son âne. Il goûte le miel, le trouve exquis. Il en veut encore. Il fouille la forêt à la recherche d'autres cachettes de miel. Il se colle contre le tronc d'un orme mais les abeilles sont très énervées et elles lui piquent le crâne. Silène tombe la tête en avant, lourdement. Son petit âne le frappe d'un coup de sabot.

L'âne est souvent associé à l'ivresse. On lui prête le

goût du vin. C'est une calomnie. Sans doute paye-t-il ainsi sa proximité avec Bacchus ou Silène, personnages priapiques et éthyliques, mais cette réputation est infondée. Loin d'aimer le vin, l'âne est un passionné de l'eau et encore fait-il preuve, sur ce chapitre, d'un goût raffiné. Cet être qui se régale à bouffer des vieux journaux, des chardons et des cochonneries n'accepte que des eaux de cristal. Il n'aime pas l'alcool. « L'âne porte le vin et boit l'eau », disent les proverbes.

*

Il faut reconnaître cependant que Zeus, quand il se déguise pour séduire une jeune mortelle, utilise toujours une peau de bœuf, jamais une peau d'âne.

*

Dans le monde hébraïque, nous savons que l'âne est mieux traité que dans les cultures indo-européennes. Il peut arriver, certes, qu'il énerve certains juifs. En plusieurs millénaires de cohabitation, comment les vertus et les défaillances d'Aliboron, son entêtement, son originalité, ses lubies et ses hi han n'auraient-ils pas suscité, de loin en loin, des conflits entre l'homme et la bête ? Mais la lubricité de l'âne n'indigne pas le peuple d'Israël. Son priapisme, qui enchanta tellement les

Grecs, les Romains, Hildegarde de Bingen, les hommes du Moyen Âge et Arthur Rimbaud, n'est pas souvent mentionné par les rédacteurs de la Bible, même si Ézéchiel évoque les obsessions lubriques de l'âne quand il parle de la prostitution du Royaume de Juda avec les Nations.

*

Dans une page très belle et encore plus étrange que belle, Jules Michelet, le grand historien romantique, dévoile les accointances entre l'âne et Belphégor, ce qui étonne beaucoup car si Belphégor est un individu diabolique, le bourriquet ne l'est guère.

Il s'impose d'abord de rappeler le pedigree de Belphégor. Divinité sombre, il est associé à l'ivresse et au priapisme. Comme la majorité des êtres de l'Enfer, il est mal saisissable, changeant d'identité et de nom, habile à se déguiser jusqu'à passer pour une divinité. Sans prétendre débrouiller l'écheveau de ses parentèles et de ses généalogies, il faut rappeler qu'il est d'origine syrienne, que son nom signifie « fente » ou « crevasse », qu'on l'adorait dans des cavernes, qu'il est assimilé au dieu Baal, que le mot « Belphégor » se décompose en Baal-Phégor et signifie « Seigneur de Phégor » car il résidait sur le mont Phégor.

Il était révéré par nombre d'Israélites, ce qui irrita la colère de Yahweh :

« Israël s'attacha à Baal-Phégor, et la colère de Yahweh s'enflamma contre Israël. Yahweh dit à Moïse : "Assemble tous les chefs du peuple et pend les coupables devant Yahweh, à la face du soleil, afin que le feu de la colère de Yahweh se détourne d'Israël..." Moïse dit alors aux Juges : "Que chacun de nous mette à mort ceux qui se sont attachés à Baal-Phégor." »

Les rabbins répondirent avec ferveur à la campagne lancée par Moïse contre Baal-Phégor. Ils expliquèrent à leurs fidèles, mais peut-être n'était-ce qu'un bruit, que les adeptes de ce diable lui rendaient hommage aux toilettes car ils lui offraient des excréments. C'est pourquoi on l'appelait le « dieu pet », ou encore le « dieu Critus ». Tel est le personnage que Jules Michelet, dans un de ses derniers livres, la *Bible de l'humanité*, livre inspiré, prophétique et confus, mais écrit dans une langue splendide, apparente à l'âne, ce qui étonne d'abord et nous flanque ensuite le vertige par le nombre de traits communs que le grand historien met au jour entre le terrible Belphégor et le timide Aliboron.

« Tout à côté, dit Michelet, non moins vivace, plus sournois, durera (et dans l'Antiquité et dans le Moyen Âge) l'autre démon, le rusé Bel-Phégor de Syrie, aux longues oreilles, l'âne du vin, de la lascivité, indomptablement priapique. *"Orientis partibus / Adventavit asinus / Pulcher et fortissimus."*

« Chaque année, ce dieu en tonneaux partait de l'Arménie, chargé sur des barques de cuir cerclées de planches où l'on mettait un âne. Il descendait l'Euphrate. La Chaldée, qui n'avait que son mauvais vin de palmier, buvait dévotement ce nectar d'Arménie. Les planches étaient vendues. L'âne prenait le cuir, le remontait en haut pays. Cet aimable animal, l'orgueil de l'Orient, qui chaque année sans fatigue, en triomphe, comme un Roi mage, entrait à Babylone avec la joyeuse vendange, était fêté et honoré. On lui donnait le titre de Seigneur, Bel, Baal. On l'appelait avec respect Bel-Péor (Seigneur Âne).

« Respect bien plus grand en Syrie où sa gaieté lascive et ses dons amoureux, sa supériorité sur l'homme, émerveillaient la Syrienne, dit le Prophète. Prophète, il fut lui-même, parla sous Balaam. On appelle encore *l'Âne* la montagne où il a parlé. Au fond, il est démon, le Bel-Phégor, démon impur et doux, qui sert à tout et à tous, se fait monter, brider.

« C'est sur la montagne de l'Âne que les anges eux-mêmes, atteints de Belphégor, eurent désir des filles des hommes. Au désert même on fit déjà la fête de l'Âne. Il évita l'Égypte, où sans pitié on lui rompait le cou. Il marcha vers le nord, vers l'ouest, magistralement, prêchant la culture de la vigne, le vin, ce petit frère d'Amour.

« L'âne eût tout envahi, eût été Priape et Bacchus. Sa forte personnalité, toute comique, ne le permit pas. »

*

Michelet dit l'essentiel et même le superflu, et comme on n'a compris ni ce superflu, ni cet essentiel, on n'ajoutera pas de commentaire. À peine deux remarques. La première est que Michelet, après avoir hissé le bourricot à des hauteurs inattendues, retrouve soudain la raison pour rappeler un des traits qui nous émeut dans l'âne : l'espièglerie, le génie comique et le goût des farces, l'humour et la légèreté qui, selon le grand historien, empêchèrent l'âne d'accéder à la dignité des dieux. La deuxième remarque est que si le dieu Bel Phégor fut nommé le Seigneur Pet, l'âne n'est pas en reste. « Chantez à l'âne, dit un proverbe, il vous fera des pets. » Nombre de contes sont consacrés à « l'âne péteur ». Les paysans français disaient jadis : « Le grand âne pète si fort que les maisons en tombent. »

Maître Albert le Grand, qui donne son nom à la place Maubert à Paris, et qui introduisit dès le XIIe siècle l'arabe et le grec dans les sciences européennes, explique comment on peut faire péter quelqu'un. Sa recette est lumineuse : « Prenez les poils qui se trouvent autour de la verge d'un âne. Découpez-les et plongez-les dans du vin. Ensuite, faites boire ce vin à quelqu'un et il pétera sur-le-champ. » Maître Albert, qui appartenait à l'ordre des Dominicains, était surnommé « le docteur universel ». Il le méritait. Il fut béatifié en 1622, canonisé par le pape Pie XI en 1931, proclamé docteur de l'Église en 1931 et nommé saint patron des savants chrétiens en 1941.

La vierge abeille

Pour la chasteté, l'abeille est plus forte que l'âne.
Comme elle n'a pas d'ovaires, elle ne déploie pas à toute
occasion ses organes génitaux comme aimait à le faire
l'âne de Charleville sous les yeux émerveillés du petit
Arthur. Virgile la félicite : « Elle ne s'adonne point à
l'amour, elle ne s'énerve pas dans les plaisirs et ne
connaît ni l'union des sexes, ni les efforts pénibles de
l'enfantement. »

Les chrétiens, adeptes eux aussi de la continence, font
grand usage de l'abeille et de ses produits. Le *Sacramen-
taire gélasien* (ou *Liber sacramentorum Romanae eccle-
siae*), qui fut compilé à Paris entre 628 et 731, admire
que l'abeille, quand elle butine, frôle les fleurs et ne les
flétrit pas. C'est au travail de ses lèvres qu'elle doit de
devenir mère. On procrée sans le besoin de se livrer au
préalable à des besognes subalternes, déshonorantes au
surplus, car ces va-et-vient, ces soupirs et ces tremble-
ments, ces suintements et ces plaintes, ces excrétions,

comment imaginer activité plus fastidieuse, plus sotte et moins distinguée ? L'abeille nous épargne ces fatigues. Elle nous file le bon truc : pour perpétuer l'espèce, il suffit d'aimer le parfum des champs et de caresser les fleurs.

L'abeille est une jeune fille. Sa larve porte le nom de nymphe. Le mot est bien choisi : au fond de son alvéole de cire, la petite avette (ou aveille, ou abueille, ou abele, ou aboille, ou abeulle) échappe aux incommodités de la sexualité grâce à un opercule de cire, de la même façon que le corps des filles est scellé par la membrane de la virginité.

*

L'obsession de la pureté domine la vie quotidienne de l'abeille. Ses colonies sont un autoclave, une machine à produire de la propreté. Une armée de vierges se consacre à nettoyer le logis. Dans une ruche, on n'aperçoit jamais d'excréments car ceux-ci, dès qu'ils sont au monde, sont tractés par les ménagères hors de la ruche. Les cadavres sont enveloppés de cire aussitôt que le décès est avéré. Chez les hyménoptères, la mort n'a pas une longue espérance de vie.

On peut voir dans cette hâte à camoufler le cadavre une mesure à peine hygiénique. Mais l'hygiène n'est pas innocente. Pour les puritains, la propreté vient immédiatement après la piété, dans la liste des vertus chrétiennes. Faire la poussière des meubles, creuser des égouts sous les villes, nettoyer les cabinets, pulvériser des bombes prophylactiques, acheter de l'eau de Javel et des paquets de Persil ou de Monsieur Propre, de Sun et de lingettes, chasser des ombres sur une jupe immaculée, s'empester les aisselles par le moyen de crèmes, remplacer la bonté des odeurs par la vulgarité des parfums, croire que l'on meurt si l'on ne prend pas sa « douche de chaque jour », toutes ces conduites sont philosophiques. Elles nient les outrages du temps, en effacent les rides. L'hygiène est une machine de guerre pointée sur l'histoire et peut-être sur la vie.

La souillure est un provisoire monument maçonné d'heures, de temps perdu et de fuite des années. Et l'excrément, donc ! Fossile délicat et chef-d'œuvre en péril perpétuel, l'étron est un témoin de ce qui fut, comme le sont aussi, à leur manière, un incunable, un mémorial, une archive, un discours, un retour du refoulé, une sépulture, un temple ou une relique. L'étron est un « lieu de mémoire ». Il dit des choses que le torrent du temps emporta et qui perdurent cependant. Il enregistre le passé. Il est à la fois le scribe, le survivant et le témoin de son temps. C'est un petit temps retrouvé à lui tout seul.

Le philosophe ukrainien Ulisse Rechtencko s'étonne que l'émouvante trace, aussi fugace qu'une neige, n'ait pas encore été inscrite au patrimoine de l'Humanité dont l'Unesco tient le compte. « Le tombeau qu'Artémise II édifia, dit-il, à la mémoire de son frère et époux, Mausole de Phrygie, figure dès le Moyen Âge dans la liste des Sept Merveilles du monde. Ne serait-il pas temps d'ajouter à cette liste une huitième merveille, celle de ces humbles mausolées dans les replis ténébreux desquels l'histoire du monde est recroquevillée ? »

Le grand Jonathan Swift préfigure le penseur ukrainien. Il hésite s'il est dégoûté ou séduit par la fonction excrémentielle. Il s'en explique dans un de ses chefs-d'œuvre, *Le Grand Mystère ou l'Art de méditer sur la garde-robe*. Il écrit : « Caela elle-même chie, Caela chie ! Caela chie ! Caela chie ! », songeant désespérément que le derrière de sa fiancée est abîmé par les nécessités de la physiologie. Jamais il n'admettra que les organes du plaisir et de la procréation jouxtent le cloaque. Dans le même ouvrage, cependant, et contradictoirement, il rend hommage à l'étron. Il le voit comme un fil d'Ariane permettant d'atteindre au Minotaure, à l'ogre caché dans les labyrinthes du temps. « Un jour, dit-il, on verra les Amants, incertains de leur sort, se glisser en secret dans les cabinets de leurs maîtresses et interroger leurs chaises percées sur l'état de leur amour. » Swift avait la vue longue : aujourd'hui, les paléontologues farfouillent dans les cabinets de Cro-Magnon et de Neandertal.

*

La fureur que l'abeille met à nettoyer ses résidences confirme que, si elle n'est pas tout à fait un animal politique, elle est en revanche, et de part en part, un animal utopiste, un animal qui ne veut rien avoir à faire avec l'histoire. Ses ruches constituent les seules utopies du règne animal.

*

Une utopie est une construction volontaire, philosophique ou politique, et du reste à jamais inaccomplie, forgée par quelques têtes philosophiques, de Platon à Cabet. Elle forme une correction que les hommes prétendent opposer au gluant, à la crasse et aux déchets de la vie en société. Toute utopie vise à faire de *l'organique* une *organisation*. Une utopie est une anti-nature.

Or voici le « paradoxe de la ruche » : l'utopie créée par l'abeille, seule utopie qui ait jamais fonctionné à la surface de la terre, est *naturelle*, non imaginaire, non rêvée par les philosophes. La ruche est réelle. L'abeille a mis au monde cet objet politique insaisissable, fascinant et comme monstrueux : une utopie naturelle. De *l'organique* naturellement converti *en organisation*.

Les odeurs de l'amour

Les ânes et les abeilles sont sensibles aux odeurs. Ils en goûtent les fragrances, les décryptent et les emploient comme langage. Les ânes, quand leur maître les visite, le hument, flairent ses mains, ses habits. Les abeilles ne sont pas en reste. Elles sentent non par le moyen d'un nez, comme les ânes et les hommes, mais par leurs antennes. Leur odorat est spécialisé. Pour l'ordinaire, sa finesse est comparable à celui de l'homme, mais dans certains cas, il réalise des performances très supérieures. Pour les fleurs, leur odorat serait, disent les savants, cent fois plus subtil que celui des hommes. L'abeille a « la mémoire des fleurs ». Elle met en archive les senteurs des plantes séduisantes et riches en nectar de manière à gagner du temps et à aller droit au but quand elles désirent. On les compare à ces hommes et à ces femmes qu'on appelle des « nez » dans l'industrie du parfum. Les apiculteurs attestent qu'elles connaissent l'odeur des personnes qui prennent soin de la ruche.

Arrêtons-nous un instant. Ne serions-nous pas sur le point de déceler enfin un trait commun à ces deux animaux si mal compatibles, le goût partagé pour les odeurs ? J'ai diligenté une enquête mais elle a tourné court. Elle a déçu mes attentes. En réalité, cet amour semblable des parfums, loin d'avérer un parentage entre l'abeille et l'âne, les éloigne au contraire et creuse un peu plus profondément l'abîme qui les sépare.

L'âne flaire son maître. Peut-être en apprécie-t-il son bouquet, son fumet, mais les âniers disent que, si leurs bêtes observent ce cérémonial, ce n'est point par amour. En réalité, l'âne se livre à une recherche. Il fait une enquête érotique. Il analyse les odeurs que les ânes de sexe opposé ont laissées sur les vêtements ou sur la peau de l'ânier. Il veut déterminer si un autre âne, que le paysan vient de toucher, est dans d'heureuses dispositions sexuelles, s'il souhaite le déduit ou s'il s'en fiche. Une fois ces renseignements recueillis et interprétés, l'âne – ou l'ânesse – peut affiner sa stratégie amoureuse, soit qu'il tienne pour voluptueux de laisser monter le désir, soit qu'il décide d'entrer en action sur-le-champ.

L'intérêt que les abeilles portent aux fleurs est au contraire : il est dirigé contre les enthousiasmes génésiques et non en leur honneur, non pour « se mettre en jambes », comme c'est le cas pour l'âne, mais pour dénoncer les conduites immorales des humains, si du moins nous faisons confiance au *Dictionnaire historique et critique* publié par Pierre Bayle au XVIIᵉ siècle. Cet ouvrage exhaustif et baroque va nourrir tout le XVIIIᵉ siècle, au point d'être surnommé «l'Arsenal des Lumières». Le souci de Bayle est de séparer, dans les légendes et les superstitions, le vrai du faux. Il passe au crible de la raison les préjugés de son temps. À ce titre, il examine une croyance répandue dans les campagnes sur l'odorat des abeilles. Il écrit : «On dit que les abeilles ont un discernement assez fin pour conclure entre plusieurs personnes qui s'approchent de leurs ruches, celles qui ont goûté depuis peu le plaisir vénérien. Il n'y a rien là qui ne soit probable car les organes des insectes sont si délicats qu'une émanation de corpuscules qui n'excitent point de sensation dans les hommes peut irriter l'odorat des abeilles et des fourmis. »

Bayle confirme la justesse de cette croyance. Ensuite, il va plus loin. Il se demande si l'odorat des abeilles ne serait pas tellement raffiné qu'il permettrait à ces insectes de savoir si la personne qui vient de copuler a commis l'acte vénérien pour la première fois ou par routine. Cette question est importante mais ardue. Le grammairien hésite, invoque Démocrite et quelques autres sages pour exprimer à la fin des doutes. Non. Bayle ne croit pas que les abeilles puissent décider, en se fiant à l'odeur, si une jeune fille est vierge ou non.

Pierre Dubois, à qui j'ai soumis ce problème, conteste respectueusement l'avis de Bayle. Avec l'aide de son

Moyen Âge, il considère en effet que les abeilles se servent de leur odorat pour distinguer les jeunes filles chastes des jeunes filles luxurieuses. « Les abeilles, me dit-il, reconnaissaient les mauvaises gens. Dans un groupe de jeunes filles, elles piquent seulement celle qui n'a pas conservé sa virginité. » Ainsi s'explique que les jeunes filles délurées se gardent d'approcher les ruches, crainte d'être dénoncées et marquées d'infamie. Dans le Berry, bien des ménages furent brisés par la police des abeilles.

Une fois de plus, on constate que les abeilles, à rebours des baudets, sont très à cheval sur la vertu. L'homme qui s'occupe de leurs ruches, le *miellier*, doit être sans reproche. Une recommandation du XVIᵉ siècle est faite au *miellier* : « Il avisera que le jour précédent, il n'ait eu affaire avec une femme, qu'il ne soit pas ivre et qu'il ne s'approche pas d'elles sans être lavé et bien vêtu ; pareillement, qu'il s'abstienne de toutes viandes ou oignons sentant fort, qu'il ait en la bouche quelque chose de bonne odeur. »

*

Telles sont les ambiguïtés de la recherche scientifique. Les deux animaux chéris de Francis Jammes partagent une même passion, celle des odeurs, mais un regard plus minutieux enseigne que les premiers traquent les odeurs pour énerver leur libido quand les secondes utilisent les mêmes odeurs pour faire échec à la luxure.

À ce point, une intuition que nous avons déjà évoquée à mots secrets, dès le début de cette fable, gagne en force : ne serait-ce pas précisément dans ces différences radicales (la sexualité lancinante, exhibitionniste et obscène chez les ânes, et glaciale, au contraire, absente et interdite chez l'abeille), que les parentages entre les deux animaux peuvent être décelés ? Un paradoxe ? Mais, quoi de plus paradoxal qu'un âne ou qu'une abeille ? Et les deux ensemble donc ?

Sur ces mystères, et pour l'heure, faisons silence. Nous aurons loisir de les explorer dans les dernières strophes de cette fable, quand sera venu le moment de fouiller les chambres inviolées au fond desquelles se cache le grand secret.

Les potions de l'abeille sauvage

Innombrables sont les abeilles. Nous ne connaissons que la nôtre, il est vrai perfectionnée, l'apis mellifera, noir et jaune, qui porte au comble l'amour du travail bien fait, de l'organisation et de la solidarité, et qui fabrique des montagnes de miel. La même apis mellifera réside également en Afrique, en Australie et en Amérique. Elle pratique l'essaimage et ne compte qu'une reine par colonie, mais il est d'autres variétés de la famille des apidées, par exemple l'apis florea, installée en Inde, en Malaisie et en Indonésie, l'apis dorsata qui vole en Asie sud-orientale et l'apis cerana également en Asie. Toutes ces apidées-là s'accommodent elles aussi de la ruche.

À la surface de la planète, volent et butinent beaucoup d'autres espèces. On peut regrouper les abeilles sous trois rubriques : les unes sont communautaires et domestiques comme l'apis mellifera, l'apis dorsata, etc. D'autres sont sauvages et communautaires. Enfin, les libertaires sont à la fois sauvages et solitaires.

L'énumération de ces espèces serait fastidieuse. On peut cependant, dans la vaste taxinomie de l'abeille, prélever quelques noms dont l'énoncé rappelle les rieuses classifications d'animaux que Jorge Luis Borges prétend avoir relevées dans une encyclopédie chinoise intitulée *Le Marché céleste des connaissances bénévoles*. A-t-on le droit de mettre en rang et d'apparier l'abeille-caillou et l'abeille-coucou, la coupeuse de feuilles et la découpeuse de la luzerne, l'abeille à face jaune, l'abeille jaune d'or et l'abeille-loup, l'abeille masquée, l'abeille perce-bois, l'abeille noire, l'abeille des sables, l'abeille tueuse, l'abeille vraie ou l'abeille de la sueur ?

*

J'ai fréquenté quelques abeilles sauvages au Brésil. Elles m'ont paru dignes de respect. Dans l'Amérique précolombienne, elles volaient déjà. Elles ont continué à le faire après le débarquement des Portugais en 1500. Mais, en 1830, un prêtre portugais, Padre António Carneiro, charge sur un bateau cent colonies d'abeilles européennes, des apis mellifera. Quatre-vingt-treize de ces colonies succombent. Les sept survivantes se plaisent au Brésil et prennent la place des abeilles natives qui sont repoussées vers les marges.

Depuis quelques années, les abeilles primitives font retour. Pour une part, elles profitent des difficultés qui assaillent les apis mellifera depuis qu'une abeille d'Afrique, venue de Namibie (voir chapitre 4), a été importée par étourderie à São Paulo en 1950, s'est convertie en abeille tueuse et a semé la terreur dans les troupeaux d'européennes. Mais la nouvelle fortune de l'abeille indigène obéit également à d'autres motifs. De nos jours, la modernité et surtout la post-modernité se gavent d'ancien, de confitures, de bio, de grands-mères, de rideaux bonne-femme, d'école de Brive, de terroir et de bon vieux temps. Après la post-modernité, nous entrons dans l'archéo-modernité. Que ce soit en philosophie, en poésie ou en peinture, le mot *post-moderne* est devenu le synonyme de *périmé* ou de *ringard*. Nous lisons les écrivains d'avant-garde de 2012 pour respirer l'odeur du bon vieux temps, un peu comme Proust respire sa petite madeleine. Les peintres et les poètes de ce jour sont fiers quand ils exécutent en 2013 une œuvre que Tristan Tzara, Kandinsky ou les modernistes brésiliens avaient déjà conçue il y a cent ans. Nous visitons le Centre Beaubourg comme on s'attendrit sur son enfance et comme on pleure. Il est donc raisonnable que notre siècle post-moderne se bourre de miel sauvage.

L'abeille native brésilienne, la melipona, ne vaut pas nos abeilles domestiques. Pour le miel, elle n'est pas très bonne et elle ne sait pas construire des logements salubres et fonctionnels pour sa progéniture. Elle s'en fiche. Ce n'est pas elle qui aurait l'idée de s'organiser, d'usiner par escouades, d'observer la division du travail et de dissoudre son ego dans celui du groupe. La sauvage est une anarchiste et un jean-foutre. Un individu, quel étonnement ! Les délices du « vivre ensemble », elle ne les convoite pas. Elle se contente de déposer le miel dans des petits pots de cire, ce qui complique le travail des apiculteurs.

Ces infériorités sont balancées par beaucoup de vertus. Le miel de l'abeille sauvage, comme tous les miels, est une pharmacie, et il détient dans ses arrière-boutiques quelques potions introuvables ailleurs. Il est plus actif que nos miels français contre les bactéries Escherichia coli, Salmonella spp, Pseudomosas et Streptococcus. Une seule application de ce miel primitif vient à bout, en vingt-quatre heures, du Bacillus anthracis, l'anthrax, cette infection glandulaire abominable qui fait partie de l'arsenal de certains groupes terroristes.

Les abeilles indigènes, qui ont le mérite de ne jamais piquer car elles sont dépourvues d'aiguillons, ont quelques spécialités précieuses en matière de pollinisation. Certaines orchidées, les romélies par exemple, n'acceptent d'être fécondées que par des abeilles de la tribu Euglossini, qui sont des insectes magnifiques, revêtus d'une livrée métallique à reflets verts et rouges.

L'abeille native est également très pratique pour féconder le *maracujá*, que nous appelons « fruit de la passion ». Sans doute les abeilles européennes ne dédaignent-elles pas d'aimer la fleur du *maracujá*, qui est séduisante et contient tous les instruments de la Passion du Christ (le marteau, les clous, etc.), ce qui a jadis permis aux missionnaires portugais, généralement montés sur des mules ou des ânes, de démontrer que le Brésil était le lieu du Paradis terrestre. Malheureusement, l'apis mellifera européenne, qui est de petite taille, n'arrive pas à toucher la partie femelle de cette fleur (passiflora edulis), ce qui gâte ses plaisirs. Les ébats sont compliqués, pas exquis du tout, et fructueux moins encore. Au contraire, une abeille sauvage, la mamangava, de la tribu Bombini, est costaude, velue, et elle atteint facilement la partie femelle de la passiflora edulis.

L'infériorité de l'abeille sauvage du Brésil est sa lenteur. Elle rêve. Elle flâne. Elle a tout son temps. Elle n'a jamais déserté les beaux rivages de la préhistoire. Elle déteste les horloges et la civilisation des fous de l'horloge qui a asservi les hommes au gnomon et au sablier d'abord, aux montres mécaniques ensuite, pour parachever enfin sa sale besogne en produisant l'horloge atomique. Au contraire de l'abeille de nos ruches, l'abeille sauvage aime le temps et déteste par conséquent les machineries à incarcérer le temps. Insouciante comme la beauté, elle est toujours en retard. Quand elle arrive dans un champ, elle est généralement déçue : l'apis mellifera est déjà passée par là, a fait sa cueillette, si bien que la melipona s'afflige. Elle se faisait une joie de butiner toutes ces fleurs mirobolantes mais les européennes ont tout ratissé, nectar et pollen. Alors, l'abeille sauvage range ses corbillons, ses petites brosses, et part à la recherche de territoires que l'européenne ne fréquente pas, à la lisière des forêts.

Proust et les amours des fleurs

Marcel Proust charge la duchesse de Guermantes d'expliquer les amours des abeilles et des fleurs à la princesse de Parme (*À l'ombre des jeunes filles en fleurs. Le côté des Guermantes*) :

« Oui, il y a certains insectes qui se chargent d'effectuer le mariage, comme pour les souverains, par procuration, sans que le fiancé et la fiancée se soient jamais vus. Aussi, je vous jure que je recommande à mon domestique de mettre ma plante à la fenêtre le plus qu'il peut, tantôt du côté cour, tantôt du côté jardin, dans l'espoir que viendra l'insecte indispensable. Mais cela exigerait un tel hasard. Pensez. Il faudrait qu'il ait justement été voir une personne de la même espèce et d'un autre sexe, et qu'il ait l'idée de venir mettre des cartes dans la maison. Il n'est pas venu jusqu'ici. Je crois que ma pauvre plante est toujours digne d'être rosière. J'ajoute qu'un peu plus de dévergondage me plairait mieux. Tenez, c'est comme ce bel arbre qui est dans la cour, il mourra sans enfants parce que c'est une espèce très rare dans nos pays. Lui c'est le vent qui est chargé d'opérer l'union mais le mur est un peu haut. »

Oriane est moins timide que les évêques allemands du XVIIIe siècle. Les amours entre les fleurs et les abeilles ne l'effarouchent pas. Elle aime leur bizarrerie. Il est vrai que la duchesse en a vu d'autres, et dans sa famille même, puisque son beau-frère, Palamède de Guermantes, baron de Charlus, gentiment appelé « Mémé » dans les salons du boulevard Saint-Germain, explore des chemins érotiques buissonniers, moins audacieux cependant que ceux sur lesquels ont rendez-vous les désirs des abeilles et ceux des fleurs.

La duchesse de Guermantes explique pourquoi elle goûte les accouplements des fleurs avec le vent et avec les abeilles. Elle en jalouse l'étrangeté, la désinvolture, les impatiences et peut-être y voit-elle quelque chose d'aristocratique. Ces manières d'aimer lui plaisent. On jurerait qu'elle a regret de n'être ni sabot de Vénus, ni rose, ni pluie, ni abeille, ni zéphyr, et que ses amours ne soient pas revêtues de la même élégance et de la même indécence que celles des fleurs. Quand elle se promène dans ses plates-bandes, elle rêve à des amours monstres, à des copulations extrêmes et si possible défendues.

« Il paraît, dit-elle à la princesse de Parme, que dans mon petit bout de jardin, il se passe en plein jour plus de choses inconvenantes que la nuit… dans le bois de

Boulogne ! Seulement cela ne se remarque pas parce qu'entre fleurs cela se fait très simplement, on voit une petite pluie orangée, ou bien une mouche très poussiéreuse qui vient essuyer ses pieds ou prendre une douche avant d'entrer dans une fleur. Et tout est consommé ! »

*

Je ne sais pas si Proust fut un grand spécialiste des insectes mais la description des émois d'Oriane repose sur des connaissances sérieuses. Proust s'est documenté. Il a lu l'ouvrage de Maeterlinck, dont l'écriture est belle, et qui décrit la fécondation d'une orchidée par un insecte : « Il se pose sur la lèvre inférieure, étalée pour le recevoir, et, attiré par l'odeur du nectar, cherche à atteindre, tout au fond, le cornet qui le contient. » Proust a également potassé son Darwin.

*

Jean Cocteau parle de l'œuvre de Marcel Proust : « La vôtre (ruche) est une étendue de profondeur – des petits orifices les uns à côté des autres, et qui vus ensemble ont la noblesse d'une ruche. Le miracle, c'est le goût différent du miel dans chaque cellule. Ces goûts se combinent à distance. La moindre cellule pourrait suffire. »

Abeille, sexe et volupté

La deuxième entreprise brésilienne de cosmétiques, Feitiços aromáticos («Sortilèges aromatiques»), a présenté le 3 octobre 2013 (Journée mondiale de l'abeille) un nouveau produit, Oh My Honey! («Oh, mon miel!»). Une vaste campagne publicitaire a déferlé sur le pays, sous le titre suivant:

ABEILLE ET SEXE: L'ÉTROITE RELATION
ENTRE L'INSECTE ET LE PLAISIR

Première information: «Il y a quelques années, Mike Jagger, le chanteur des Rolling Stones, se faisait piquer le pénis par des abeilles en vue d'en accroître la dimension.»

Sans aller jusqu'à recommander cette méthode extrême, la marque brésilienne rappelle que «plusieurs fantaisies érotiques sont inspirées par l'abeille, y compris certains vibro-masseurs». Et Feitiços aromáticos présente son produit phare : un gel à base de miel, « propre à adoucir les moments à deux ».

Le dépliant publicitaire rappelle que l'historienne Raquel Cruz a établi qu'au Moyen Âge l'hydromel, boisson fermentée à base de miel, avait la réputation d'augmenter le désir sexuel. Dans la Perse antique, les jeunes époux buvaient de l'hydromel pendant un mois afin que leur mariage soit une réussite.

La compagnie Feitiços aromáticos complète sa présentation par quelques considérations scientifiques : « Le miel est riche en vitamines du complexe B nécessaires à la production de testostérone. Certaines études suggèrent même que le miel peut également élever le niveau de la testostérone dans le sang. »

« Ainsi, conclut Feitiços aromáticos, il vous reste à profiter des bénéfices naturels du miel pour que votre vie sexuelle devienne encore plus drôle et plus intéressante. »

Le coursier du soleil

Comme l'abeille, l'âne a « son sauvage ». On l'appelle onagre (*onos* – âne, et *agrios* – sauvage) ou hémione (demi-âne), mais on ne le rencontre pas communément. C'est un âne furtif. Il est si rapide qu'on doute s'il n'est pas fantastique. Il galope comme un diable, comme une merveille, dans les prairies du monde, mais ces prairies sont lointaines, interminables et dérobées, en Mongolie, dans les monts Taurus peut-être, en Iran, en Israël, avec une préférence pour les pays qui furent mais qui ne sont plus, la Phrygie, par exemple, dont le roi Midas fut muni d'oreilles d'âne (d'onagre), après qu'il eut prétendu qu'Apollon était un musicien moins brillant que le satyre Marsyas, l'inventeur de la flûte à deux trous, ce qui était malveillant et qui valut à Marsyas d'être suspendu par Apollon à un pin et écorché vif, avant de devenir un fleuve qui prendra son nom. On signale aussi des onagres en Lycaonie où prêcha saint Paul, en Grande Garabagne où se promena le poète Henri

Michaux, dans le pays des Houyhahoms, enfin, où Gulliver rencontre des chevaux intelligents et magnifiques.

La robe de l'onagre est beige clair, avec une ligne noire pour marquer l'épine de son dos, mais la Bible lui prête des couleurs rouges et brillantes. Encore faut-il le voir ! Quand il a peur, il démarre comme une foudre, et bien malin celui qui le distinguerait de la poussière de la steppe. L'onagre est une tempête. Il peut courir 70 km à l'heure, ce qui le met hors de portée des hommes comme des équidés les plus rapides et qui lui assure le statut d'un mirage.

Comme son cousin le bourricot, l'onagre est un des animaux aimés de la Bible, bien qu'il soit la monture du premier fils d'Abraham, Ismaël, celui qui fut renvoyé dans le désert de Beer-Sheva avec sa mère, la servante égyptienne Agar, après la naissance d'Isaac qui, lui, est le fils de la première épouse d'Abraham, Sarah, d'abord stérile. Le prophète Jérémie parle de l'onagre avec révérence. Job, qui a un grand talent littéraire, s'interroge : « Qui a lâché l'onagre en liberté, qui a délié la corde de l'âne sauvage ? À lui j'ai donné le désert pour demeure, la plaine salée pour habitat. Il se rit du tumulte des ciels. Il n'entend pas les cris d'un maître. Il explore les montagnes, son pâturage, à la recherche de toute verdure. »

L'historien juif Flavius Josèphe affirme qu'Hérode le Grand pouvait tuer quarante ânes sauvages dans une seule partie de chasse. Josèphe exagère car l'onagre est farouche, habile et insaisissable. Il se déplace en bande, avec la précaution, quand il se repose, de nommer un guetteur qui sonne l'alerte au premier danger. Le zoologiste allemand Peter Simon Pallas, au XVIIIe siècle, qui donna son nom à plusieurs animaux (le chat de Pallas, le goéland de Pallas, etc.) a vu des onagres. Il les décrit. Malheureusement, il nous laisse dans l'embarras car il ne précise pas si les onagres se rattachent à la branche de *l'dnes*, qui servait de monture aux dignitaires d'Israël ou à celle des *czigithals*.

Onagre ou hémione, *czigithal* ou *l'dnes*, le sûr est que l'onagre ne supporte pas l'esclavage : « On n'a jamais pu en domestiquer un seul. » Sur ce point, il se distingue aussi bien du cheval, personnage ductile et aimable dont les hommes font à leur convenance une bête de guerre, de cirque, de parade ou d'orgueil, que de l'âne, que nul jamais ne put dresser, qui fait mine, certes, de se plier aux vilenies, aux foucades ou aux sottises de leurs maîtres et qui n'en pense pas moins.

Une question a longtemps intrigué la communauté scientifique : est-ce que la jument que Mahomet chevaucha quand il se rendit au ciel ne serait pas un onagre, un hémione ? Le Coran dit qu'elle était d'une taille moyenne, entre l'âne et la mule, et que son nom était Borak. En arabe, « *borak* » signifie « brillant », « éclatant », comme est brillante dans la Bible la robe rousse de l'onagre.

La vie sexuelle de l'onagre est inconnue. Autant l'âne donne à voir ses désirs et son membre, autant l'onagre est réservé. La Bible enseigne que le mâle se fait suivre généralement par un grand nombre de femelles. Elle dit aussi qu'il est un étalon excellent. Comme l'âne, il entre volontiers en action, mais il le fait en tapinois. Autre différence : l'onagre mâle ne se reproduit qu'en s'accouplant avec une femelle onagre, alors que l'âne ne dédaigne pas les juments quand il a envie de faire un petit mulet.

Les poètes aiment l'onagre. Chateaubriand l'utilise, avec « le palmier, le puits et le patriarche », pour caractériser l'Orient. Anatole France l'appelle « le coursier du soleil ». Théophile Gautier l'introduit dans *Le Roman de la momie*. Leconte de Lisle ne se tient pas de joie. Il y voit l'occasion d'écouler un tas d'adjectifs et de substantifs rutilants et inutiles dont il possède des stocks : farouche et éclatant, bûcher funèbre et sang qui coule, sables aux dunes noires et livide brouillard…

Des fesses de l'onagre, comme de celles de l'âne, les bourreliers font un cuir nommé chagrin (« chagrin » ne veut pas dire « tristesse » mais « croupe », car ce mot provient du turc *chagri*). Le chagrin n'est pas un cuir raffiné. Il est trop grenu mais il est largement utilisé dans l'art de la reliure. Balzac l'a magnifié en faisant de cette croupe le personnage principal de son premier grand roman, *La Peau de chagrin*. Cette peau est magique et maudite à la fois : elle exauce tous les souhaits que l'on formule, mais au prix de la réduction de la durée de vie de celui qui la possède. L'expression « se réduire comme une peau de chagrin » fait écho à ce roman.

Balzac s'est donné la peine de réunir une longue documentation sur ce cousin fascinant et inaperçu de notre petit âne. Il charge le zoologue Peter Simon Pallas, précisément, de faire le portrait de l'onagre. Pallas convient que l'onagre, appelé « koulan » chez les Tatars, passa longtemps pour « fantastique ». Est-ce pourquoi Moïse, qui détesta toujours les amours entre les animaux réels et les animaux irréels, avait défendu d'accoupler l'onagre avec les ânes ?

La description que Balzac fait de l'onagre est minutieuse : « Son œil est muni d'une espèce de tapis réflecteur auquel les Orientaux attribuent le pouvoir de la fascination ; sa robe est plus élégante et plus polie que ne l'est celle de nos plus beaux chevaux ; elle est sillonnée de bandes plus ou moins fauves, et ressemble beaucoup à la peau du zèbre. Son lainage a quelque chose de moelleux, d'ondoyant, de gras au toucher ; sa vue égale en justesse et en précision la vue de l'homme ; un peu plus grand que nos plus beaux ânes domestiques, il est doué d'un courage extraordinaire. »

L'enthousiasme de Balzac ne faiblit pas. Il signale que « le nom du roi Salomon se mêle aux récits que les conteurs du Tibet et de la Tartarie font sur les prouesses attribuées à ces nobles animaux ». Le cheval ailé Pégase qui tant nous intrigue dans la mythologie grecque serait un onagre : « Il est presque impossible de le saisir (l'onagre) dans les montagnes, explique Balzac, où il bondit comme un chevreuil et semble voler comme un oiseau. »

Dans son élan, Balzac excède la mesure. Il prétend que les Perses obtiennent, par l'accouplement d'une ânesse avec un onagre apprivoisé, un « âne de selle ». Il ajoute : « Cet usage a donné lieu peut-être à notre proverbe : "Méchant comme un âne rouge." »

Les imaginations de Balzac ne peuvent être retenues : d'une part, chacun sait que l'onagre ne se laisse guère apprivoiser, et d'autre part, toute la zoologie professe que l'onagre ne peut pas s'accoupler avec un animal d'une autre espèce, en l'occurrence avec un âne.

Invention du mulet

Le mulet est un produit dérivé de l'âne, mais comment s'y est-il pris pour se tailler une place dans la création, alors qu'au départ, au moment où le Maître des choses avait conçu sa maquette, il avait laissé passer sa chance et il ne figurait pas dans les taxinomies ? Est-il fils du hasard, du désir ou bien de l'ingéniosité des hommes, et comment en avoir le cœur net ? Nous ne savons pas même à quel moment de la préhistoire ou de l'histoire cet animal s'est débrouillé pour se glisser dans la troupe. Une seule certitude : le mulet est un Asiatique ou un Africain, un Mongol peut-être, ou bien un Abyssin, ou un Assyrien ou un juif. Certains le tiennent pour Chinois.

Un jour, il y a assez longtemps (3 500 ans avant Jésus-Christ, disent les poètes), des nomades scythes pénètrent dans la Perse. Ils montent des petits chevaux agités venus d'Asie centrale. Ils galopent. Une bande de bourricots croise leur chemin. Ces bourricots sont fantasques et entreprenants. Ils font beaucoup de bruit. Leur manège étonne les juments scythes : qu'est-ce que c'est que ces individus menus, énergiques et érotiques, avec leurs grandes oreilles, leur dos droit, leur vertèbre en moins, un trot heurté et ce tuyau rouge qu'ils déploient à toute occasion avec entrain ? La représentation commence. Braiments, phéromones, mâchonnements de rahat-loukoum et organe écarlate. Les ânes poussent leur avantage. Ils sautent sur les juments étonnées, jouissent, font jouir et cela fait des mulets.

Hérodote confirme. Il relate un autre rendez-vous, celui des mulets perses et des chevaux scythes, plus tardif, au temps de Darius. Les Perses ont formé des régiments de guerriers à mulets. Les chevaux des Scythes, dit le vieil historien grec, observent ces drôles de bêtes, un peu ânes et un peu chevaux. Ils sont inquiets. « Ils dressent leurs oreilles et reculent. » Ce jour-là, le mulet entre dans la liste des curiosités du vivant, au point qu'il devient l'archétype de certaines anomalies. Il est le patron des métis, des mulâtres, des apatrides ou des bâtards. « Le roi Cyrus, dit Hérodote, était le *mulet* dont l'oracle avait parlé car il tirait sa naissance de deux différents peuples, étant persan par son père et mède par sa mère. »

De telles rencontres ne sont pas rares. C'est pourquoi, de ce moment fondateur, nous possédons plusieurs versions. Une des plus rêveuses se produit à

Mysie, près de Pergame, ou bien en Assyrie ou dans la région du Gange, entre des cavaliers mongols juchés sur des chevaux d'Asie et des ânes africains. Choc, amour et naissance de mulets. Des mules apparaissent aussi en Chine, disent les chroniques, et en Abyssinie.

Le nouvel être est bien accueilli. L'attrait de l'inédit. Tout nouveau, tout beau. Cette bête fascine car elle n'existe pas. C'est une invention. Un artefact. Une chimère. Un mirage. Elle est fille de l'art, non de la nature. De la volonté, non de la fatalité. Tous les autres résidents du monde, y compris les hannetons et les mammouths, sont des destins. Ils subissent leur condition. Le mulet, seul, est l'effet d'une liberté. Le mulet est une existence, non une essence. Il s'est invité lui-même au festin où sa place n'avait pas été marquée. Il s'est inventé. Il suit les conseils de Jean-Paul Sartre : « Faire et en faisant se faire. » Au surplus, cet équidé artificiel et naturel à la fois, jolie prouesse, cet oxymore du monde animal, est plein de ressources. Il remplit les missions les plus disparates – domestiques, paysannes ou guerrières –, car le corps du mulet regroupe des qualités qui d'ordinaire sont dispersées entre le corps du cheval et celui de l'âne : de la nature de son père l'âne, il a reçu la sobriété, la patience, le courage, la résistance et la longévité. Et l'intelligence. De celle de sa mère jument, la haute taille, le goût des oriflammes et des odeurs de poudre, l'élégance de son amble.

Le mulet est le fruit des amours de l'âne et de la jument. Il arrive également que le cheval aime l'ânesse. L'être qui naît de ces rencontres s'appelle le bardot. Il est généralement plus petit que le mulet et moins chic.

Autre problème : arrive-t-il néanmoins que les amours entre une mule et un mulet se concluent par la naissance d'un petit mulet ? C'est possible mais ce n'est pas fréquent. En cinq siècles, la Société muletière britannique n'a enregistré que soixante naissances suite à des amours de mules et de mulets. L'idée de créer une nouvelle espèce de mulets a été abandonnée.

*

Sur tous les champs de bataille de l'Antiquité, le mulet est en première ligne. Alors que l'âne est relégué aux tâches subalternes, au train des équipages ou à l'intendance, le mulet est au combat. Alexandre le Grand l'apprécie. Il en achète à Babylone, à Suze et en Mésopotamie. Quand il meurt, soixante-quatre mulets de luxe transportent sa dépouille en Égypte. Xerxès emploie des mulets contre les Grecs. Et César des mules gauloises à Gergovie.

Un pays tente de résister au mulet. C'est Israël, dont les prêtres perçoivent tout de suite que l'animal invraisemblable offense la loi de Dieu. Cette bête est un accroc, une fausse manœuvre, peut-être un péché, peut-être un démon et à coup sûr un imposteur puisqu'il s'est fabriqué tout seul, à la barbe de Dieu, et qu'il s'est introduit dans la troupe en clandestin. Un sans-papiers. Comment les théologiens toléreraient-ils ces amours sacrilèges entre deux êtres d'espèces différentes, âne et jument, qui font des mules, ou bien ânesse et cheval, qui font des bardots ? Dieu n'aime pas beaucoup ça, et même pas du tout. Il tient le mulet, et ses amours, à l'œil.

*

L'intransigeance de l'Éternel étonne car, d'ordinaire, soit qu'il incline à l'indulgence, soit qu'il soit un peu débordé pour assurer la maintenance de son ouvrage, le Créateur n'est pas trop pudibond. Il est tolérant et même assez rigolo. En ce qui concerne les positions amoureuses, par exemple, le nombre de partenaires et même les structures élémentaires de la parenté, il ferme les yeux. Sans doute a-t-il des préférences. Il nous gronde un peu si nous sortons des clous, mais au fond il nous laisse la bride sur le cou. Il accepte les étrangetés, s'en amuse peut-être en secret, si bien que les amours animales ne sont pas riches en interdits.

L'érotisme animal est un tableau de Jérôme Bosch. Toutes les figures y sont présentes et toutes pratiquées, pourvu qu'elles soient irrégulières : homosexualité, sadisme, masochisme et pédophilie, adultère, viols, meurtres, amours de groupe, polygamie et polyandrie, coïts à mourir de plaisir comme ceux de la reine des abeilles, dans l'amour tout est bon, et le Créateur a entériné les inventions les plus saugrenues. Rien de ce qui est lubrique ne lui est étranger. Le bonobo copule toutes les demi-heures et son coït est un éclair. Le panda, quand sa femelle lui fait comprendre qu'elle est dispose, la contemple et se rendort à toute vitesse.

On admire la largeur de vue du Créateur. Il a énoncé des recommandations, fulminé quelques punitions, défini ce qu'est une bonne sexualité, mais il ne vérifie pas la suite. Il ferme les yeux sur la plupart des anomalies. Si un lapin viole la loi naturelle ou si une libellule bouffe son amant, il n'en fait pas une histoire. Il faut dire qu'il s'était enfermé lui-même dans la nasse : puisqu'il avait opté pour la reproduction par le désir et la sexualité, il était bien obligé de laisser libres ses créatures. Chaque espèce avait licence de faire sa petite tambouille à sa manière. Le seul résultat final était pris en compte : la naissance d'un nouvel individu, la reconduction de la vie, et tant pis si certaines pratiques étaient un peu embrouillées. Aussi longtemps que la survie de l'espèce était assurée, le Créateur ignorait les débordements et les déviances. Pour les animaux, il acceptait toutes les propositions. Pour les hommes, il confiait la police des mœurs aux rois, aux présidents, aux papes, aux philosophes, à Christine Boutin, aux juristes ou aux gendarmes.

Il est cependant une activité, mais une seule, dont il a assuré lui-même la police. Il a décidé qu'il n'est pas permis de forniquer loin de l'espèce à laquelle on appartient. Sur ce chapitre, il est inflexible. Certes, les sociétés, elles aussi, interdisent le commerce sexuel entre des espèces dissemblables et toutes sanctionnent le péché de bestialité. Mais le Maître des choses se méfie : il sait par expérience que les lois des hommes sont volontiers violées. Aussi a-t-il pris le soin d'ajouter à cet arsenal juridique un verrou supplémentaire, un verrou biologique.

En même temps qu'il mettait au point, au commencement des choses, les lois de la sexualité, il s'est arrangé pour empêcher la copulation entre deux espèces différentes, soit que les organes ne s'accordent pas, soit que le coït ne puisse s'accomplir qu'au prix d'acrobaties hors de portée. En plus, il a châtié les enfants qu'engendreraient deux animaux assez dévoyés pour se faire l'amour bien qu'ils ne relèvent pas de la même espèce. De la sorte, si par infortune un animal réussissait à se faufiler à travers les barricades mystérieuses qui enclosent les espèces, son exploit serait vain, un coup d'épée dans l'eau, puisque le produit de ces amours contre nature serait frappé de stérilité. L'animal qui naîtrait de ces étreintes défendues n'aurait jamais de progéniture.

Dans l'ensemble, les animaux se sont rangés à la loi. Quelques espèces à peine ont tenté de se faufiler entre les mailles étroites du filet. L'âne fait partie de ces audacieux. Il fraye avec la jument, on ne peut pas l'empêcher, mais en revanche le fruit de ses entrailles est maudit : le mulet, dans la chatoyante tapisserie du vivant, est un intrus. Un rejeton pareil, on n'en tire pas vanité. On fait tout pour l'expulser de la création. C'est par ruse ou par effraction qu'il a forcé les portes de la vie. Il est entré sur la terre par contrebande, au nez des douaniers. Cet « être » est une fausse monnaie et la bonne monnaie chasse la mauvaise. Ainsi, le mulet.

Assez ! Voici la punition ! Cet hybride, cet imprévu, n'aura pas licence de se reproduire. On va lui enlever un chromosome, à ce mulet, et tout rentrera dans l'ordre. Le cheval possède 64 chromosomes (le chromosome est l'élément du noyau cellulaire porteur du patrimoine génétique de l'individu et, donc, le support de son hérédité), alors que l'âne en possède 62. Le mulet, lui, en a un nombre impair, 61. C'est ainsi que le mulet, sauf miracle, bavure ou gros lot, est incapable de se reproduire. Stérile pour l'éternité. Les amours entre différentes espèces sont un cul-de-sac. Terminus. Tout le monde descend. Pas de dynastie de mulets. « Le mulet, lit-on dans Flers et Caillavet, est un animal décent qui a la politesse de ne pas se reproduire. »

*

Comment ne pas approuver ces sévérités ? Bien sûr, il eût été distrayant que le désir traversât les transparentes parois qui courent entre les espèces et qu'un chimpanzé eût le droit de désirer un écureuil, mais quel imbroglio alors ! Et quels enchevêtrements dans les déclinaisons du vivant ! Les nuits de la planète eussent gagné en variété, mais les lendemains eussent été pleins de problèmes. Ils eussent connu non seulement une explosion du nombre des vivants mais surtout une prolifération illimitée des formes de ce vivant.

Le globe eût été livré aux monstres, aux chimères, aux sirènes, aux catoblépas, à ces hommes sans bouche et à ces chats sans derrière, aux sirènes, à ces femmes aux grandes oreilles et à ces hommes mangeurs de vent, à ces krakens, à ces poulpes mirobolants, ces demi-chiens nommés hémikunes, ces énotocètes qui dorment en s'enveloppant dans leurs vastes oreilles ou à ces sciapodes qui cherchent toujours, par temps de canicule, à se mettre à l'ombre de leurs propres pieds, à ces dragons et à ces licornes que les anciens sages et le cinéma fantastique aiment à imaginer.

La terre ne serait plus peuplée de races, de familles et de genres. Chaque individu formerait à lui tout seul un genre, une espèce, une famille et une lignée. Chaque individu serait sans ressemblance ni cousinage. Les zoologues, les naturalistes, les botanistes fermeraient boutique. Le grand Linné lui-même serait incapable de réintroduire un peu d'ordre dans l'épuisant méli-mélo. Au lycée, les cours de zoologie deviendraient interminables. Faute de pouvoir tout se rappeler à propos de ces animaux sans règles ni constance, les écoliers seraient tous derniers en sciences naturelles, ce qui compliquerait la tâche des enseignants, à la fin de l'année, pour décerner des premiers prix ou des prix d'excellence.

Ne faire l'amour qu'avec ses semblables, telle est la loi naturelle gravée dans le marbre : « Faites ce que vous voulez de votre peau, de vos désirs et de vos lubies, baisez avec le ventre si le ventre vous plaît, avec les yeux ou avec les amygdales, avec vos antennes ou vos plumes, à dix ou bien à cent participants et participantes, qu'importe, mais faites-le entre vous ou du moins avec des individus qui appartiennent au même règne que vous. Les escargots aimeront les escargots, c'est tout ce que j'exige, et les tigres les tigres. Pas d'arthropodes amoureux de jaguars et pas d'hyménoptères entichés de poissons. Telle est la loi. Pour le reste, liberté absolue. Débrouillez-vous. »

*

Il faut rendre hommage à la perspicacité des anciens théologiens juifs. Sans connaître les lois de la génétique

que Mendel ne mettra au point que vingt siècles plus tard, ignorant aussi bien l'ADN que la distribution, par Linné, au XVIIIᵉ siècle, des bêtes et des plantes en espèces, genres ou familles, les vieux sages de Sion ont tout de suite repéré que l'existence même du mulet insulte à Dieu et qu'elle condamne le père du mulet, c'est-à-dire l'âne, au péché, au contre nature, à la perversion sexuelle, à l'enfer, et l'installe dans une province peu fréquentée du bestiaire universel : la province dans laquelle paissent les insoumis, les « déviants », les rares individus qui défient la loi de Dieu. Dans ces provinces de l'ombre, proches des propriétés de Satan, l'âne fréquente d'autres intraitables, d'autres rebelles, d'autres insurgés, pour une part des êtres qui n'existent que dans l'esprit des hommes, tels les chimères, le yéti, le centaure ou le kraken, et pour une autre part de rares animaux réels, tels l'abeille, le colibri et la fleur qui transgressent eux aussi la loi (l'étrange est que le cheval, qui participe pourtant lui aussi à « l'opération mulet », s'en tire mieux. Il n'est pas enténébré par la lumière impure qui accompagne l'âne).

La loi mosaïque ne se contente pas de désigner le mal. Comme elle apprécie les ânes, elle fournit aussi le remède propre à maintenir la pauvre bête dans la communauté des animaux convenables. Elle pose que l'âne, au fond, n'est pas un mauvais bougre. Son seul inconvénient est cette manie d'aimer un animal étranger à son espèce, la jument. Il suffit donc de ne pas le mettre en présence d'une jument (ou d'un cheval). Il doit comprendre qu'il lui faut brider ses ardeurs ou bien qu'il doit réserver celles-ci aux autres ânes. Du coup, le bourricot redeviendra, puisqu'il aura cessé de se révolter contre les principes de Dieu, l'animal chéri des juifs, le petit type qui pullule sur les chemins de Palestine, qui ne demande jamais son reste, qui va de-ci de-là, tire les norias, sème l'orge, transporte les hommes et les femmes, est aimé de ses maîtres, docile à leurs demandes et amoureux de Jésus-Christ. On cessera de le voir, dès lors, comme un suppôt de Satan, un Prométhée mal enchaîné, un rebelle métaphysique, un Faust ou un Frankenstein, un « ange révolté ». Il suffit de l'empêcher de forniquer avec les chevaux. À cette tâche, les prêtres juifs s'attellent.

*

Pourtant, et malgré ces précautions, la Bible n'est pas seulement remplie d'ânes. Elle contient aussi beaucoup de mules. Après la mort de Saül, quand les tribus d'Issachar, de Zébulon et de Nephtali apportent des vivres à David, elles le font à dos de mulet. Plus tard, comme David règne, ses fils (Absalon, Amnon) ne s'entendent pas entre eux. Ils lorgnent l'héritage, la puissance et la gloire du père. Absalon assassine son frère Amnon qui, en plus, avait eu l'indélicatesse de violer sa sœur Tamar

(II S. 13). On aurait pu s'attendre à ce que le père d'Absalon, David, le grondât, mais pas du tout, car Absalon est d'une grande beauté (II S. 14) et David est sensible à cette grâce. Il faut dire que David, comme on le sait, aimait aussi les hommes.

Absalon en profite pour se faire couronner à Hébron. Il s'installe à Jérusalem. Il couche avec les concubines de son père, sans le dissimuler, car c'est un sans vergogne et il entend publier que la rupture avec le père est accomplie. Cette fois, David cède à la colère, lève une armée, la lance contre Absalon. Celui-ci saute sur une mule et galope, mais sa longue chevelure s'embrouille dans les branches d'un chêne, et il est tué par les soldats (contre les recommandations de David du reste).

La mule est *ainsi* liée à l'une des occurrences essentielles de la Bible, une des plus riches, car l'assassinat d'Amnon par son frère, puis la révolte d'Absalon contre son père David, les plaisirs qu'il prend avec les femmes de son père, sans oublier le viol de Tamar par son frère Amnon et le rôle funeste joué dans la fin d'Absalon par ses longs et magnifiques cheveux (symbole de beauté et de virilité à la fois) constituent le grand épisode œdipien de la Bible, ce qui explique que le mulet, comme son père l'âne, eût mérité d'occuper une place centrale dans le système freudien.

Une fois le destin d'Absalon accompli, David regagne Jérusalem. La Bible ne précise pas s'il était juché sur une mule. Elle note simplement que David pardonne à tout le monde, sauf à ses concubines qui demeureront séquestrées jusqu'à leur mort. Le roi David va encore créer deux autres fils, et puis il devient vieux, usé. Son fils Adonija, qu'il a eu avec Hagguith, et qui est aussi beau que le fut Absalon, se « laisse emporter par l'orgueil ». Donc, il se procure un char, des cavaliers, des soldats, et il dit qu'il est roi.

Bath-Seba (Bethsabée) qui est la mère d'un autre fils de David, Salomon, va trouver le vieux David dans sa chambre et dénonce Adonija. David, qui commence à en avoir assez, convoque aussitôt prêtres, prophètes et notables. C'est alors que la mule fait son retour sur la scène. Le Livre des Rois raconte (1 R. 1, 33-34) :

« Le roi leur dit : "Prenez avec vous les serviteurs de votre seigneur, faites monter mon fils Salomon sur *ma mule*, et faites-les descendre jusqu'au fleuve Guihôn. Là, le prêtre Tsadok et le prophète Nathan le consacreront par onction comme roi sur Israël. Vous sonnerez de la trompette et vous direz : 'Vive le roi Salomon.'" »

Le Livre des Rois poursuit (1 R. 1, 38-39) : « Alors le prêtre Tsadok descendit avec le prophète Nathan ainsi qu'avec Benaja, le fils de Jehojada, les Kérentiens et les Péléthiens. Ils firent monter Salomon sur la mule du roi David et le conduisirent au fleuve Guihôn. Le prêtre Tsadok prit la corne d'huile dans le tabernacle et il consacra Salomon, par onction. On sonna de la trompette et tout le peuple dit : "Vive le roi Salomon." »

*

La mule a donc renversé la malédiction qui pesait sur elle à cause de son statut hybride. La voilà, 900 ans avant Jésus-Christ, citée par la Bible, avec honneur puisqu'elle est chargée de conduire le futur roi, le grand Salomon, jusqu'au lieu où il sera oint par le grand prêtre. Plus surprenant encore : la mule va devenir le véhicule habituel des juges d'Israël. Comment expliquer tant d'honneur après tant d'opprobre ? Deux hypothèses sont reçues. La première suppose que, dès les temps anciens, la rencontre de l'âne et de la jument advint parfois, des rencontres plus ou moins fortuites, et que les campagnards fermaient les yeux sur cet arrangement contre nature, compte tenu des vertus éminentes du mulet dans le travail de la cité et des champs.

Le livre de la Genèse divulgue même le nom d'un des premiers mulassiers de l'histoire, Ana, qui est le fils de Seir (ou de Sébéon) et le frère (ou peut-être le fils) de Sébéon (Ge 36, 20) : « Ana a trouvé des eaux chaudes dans la solitude quand il faisait paître les ânes de Sébéon son père. Il aurait le premier trouvé le moyen d'avoir des mulets en faisant couvrir ses juments par des ânes. » D'autres chercheurs pensent que le mulet trouve sa place en Israël après que la société sacerdotale eut cédé le pas face à une société laïque, moins à cheval par conséquent sur les principes. Toujours est-il que les mulets, loin d'être expulsés de la Bible comme leur origine trouble l'eût fait craindre, sillonnent les routes de la Galilée et de la Palestine et souvent en qualité de monture des princes et des rois.

*

Dans les autres cultures et provinces du monde, le destin du mulet est inattendu. Alors que son père, l'âne, est un prolétaire superlatif, le mulet, ce bizarre enfant de l'âne et du cheval, ce « péché vivant », fraye au contraire avec les hautes classes sociales. Il se pique de distinction. L'aristocratie espagnole s'entiche du mulet. Philippe V possède six carrosses dont chacun est attelé à six mules par des cordons de soie. Le cheval est alors dédaigné au point qu'à la fin du XVIIIe les races chevalines, délaissées au profit du mulet, sont menacées d'extinction.

L'Andalousie adopte une loi qui interdit aux ânes de saillir les juments. Mais, dans ce cas, ce n'est pas, comme aux temps bibliques, pour des motifs métaphysiques, et pour préserver la « pureté du sang » (cette *limpieza de sangre* de laquelle l'Espagne s'est fait le regrettable champion, depuis l'expulsion des juifs en 1492), mais afin, plus prosaïquement, de protéger les élevages de chevaux contre la concurrence du mulet. La fièvre mulassière perdure pourtant chez les riches Espagnols. Au XIXe siècle, lorsque les snobs espagnols vont prendre les eaux à Biarritz, c'est avec des équipages de mules somptueusement attifées qu'ils franchissent les Pyrénées.

Un *athlète de l'amour*

Charles Darwin est intrigué par les amours de l'âne et de la jument. Le mariage contre nature entre deux animaux appartenant l'un et l'autre au même *ordre* (périssodactyles) et, dans cet ordre, au même *genre* (*equus*) mais non à la même *espèce*, l'intrigue. Le premier, l'âne, est un *equus asinus* et le deuxième un *equus caballus*. Or la règle est stricte : deux *animalia* qui ne font pas partie de la même espèce peuvent forniquer si la chose les distrait (et encore, ce n'est pas recommandé), mais qu'ils ne comptent pas engendrer un descendant. Or l'âne et la jument se fichent de cette loi. Il arrive qu'ils s'aiment et, merveille, ils confectionnent alors un mulet.

Voilà ce qui fascine Darwin. Il est ravi. Il admire que ces épousailles maudites et si mal considérées en Haut Lieu produisent un être qui, tout en se promenant dans la *nature*, est pourtant inventé et usiné par *l'industrie* des hommes, une espèce d'« automate naturel ». « Le mulet, dit-il en 1835, est une bête extraordinaire. Il me fait l'effet qu'ici *l'art* a sublimé *la nature.* »

L'âne qui a choisi d'aimer une jument revêt les atours d'un démiurge ou d'un Titan. Il se dresse contre l'ordre aveugle des choses. Il se révolte contre Zeus. Il prend la place du destin : au lieu de confier le soin de sa descendance, les yeux fermés, aux espiègleries du hasard et de la fatalité, il décide de mettre au monde une créature inédite et que nul n'avait imaginée avant lui. Une créature interdite au surplus.

Avec les siècles, cet « *art* », qui *a* su ouvrir une brèche dans la frontière inviolable que Dieu et ses adjoints ont établie entre les espèces, se développe, s'enrichit et se complique. Entre de nombreux exemples, celui du mulet poitevin impressionne. Son apparition se prépare dès le XVIᵉ siècle, quand Henri IV se met en tête d'assainir les marais qui s'étendent aux embouchures de la Loire et de la Charente. Sully demande à des ingénieurs hollandais, dont la maîtrise sur les eaux est reconnue, de procéder à l'assèchement de la région. Les Hollandais arrivent avec des chevaux hollandais. Ils assèchent.

Les chevaux hollandais sont très contents dans ces paysages pleins de marécages et si semblables à ceux de leur enfance. Ils font souche. Et les paysans se rendent compte, bientôt, que les juments bataves sont intéressées par les ânes du coin et qu'elles s'associent avec eux pour enfanter des belles mules. La jument mulassière du Poitou vient de naître. Le roman du mulet du Poitou commence, dont les succès et les tribulations sont racontés avec charme par Colette Gouvion et Philippe Krümm dans leur ouvrage *Chevaux de trait* (éditions du Rouergue).

*

Au début, quelques éleveurs frappés d'anglomanie et soucieux d'obtenir des mulets perfectionnés s'efforcent d'améliorer la mère, c'est-à-dire la jument hollandaise, en la croisant avec des chevaux anglais (pur-sang anglais ou demi-sang anglo-normands). C'est un échec. Avant sa naissance même, le mulet fait le difficile. Il n'accepte pas d'être le fils de la première venue, même si cette première venue est distinguée, anglaise et légèrement pur-sang. Il faut se rendre à l'évidence : il suffit qu'une jument ait quelques gouttes de sang anglais ou normand dans le corps pour qu'elle devienne inapte à la fabrication du mulet. On se contentera donc de la bonne grosse jument hollandaise devenue jument poitevine, et baptisée dès lors « jument mulassière ».

Cette jument ne paye pas de mine. Élégante, elle ne l'est guère. Mais elle est puissante et elle a un bassin de toute beauté, un bassin de rêve, prometteur de belles gestations. « La race mulassière, dit un observateur du XVIIIe siècle, est lourde, lente, sans aucun agrément, tout au plus bonne à tirer des fardeaux... Mais quelle génitrice ! Une jument de six pouces produit des mules superbes de huit à onze pouces. »

La jument poitevine a trouvé sa vocation. Elle se consacrera à la production de mulets. Belle vie ou vie de forçat ? Ça dépend des goûts. Le sûr est que la jument passe de longs moments à copuler avec des ânes et à mettre au monde des mulets. La demande de mulets, pour l'agriculture ou pour la guerre, étant en plein essor, la jument poitevine est toujours sur la brèche. Elle atteint des prix mirobolants, pourvu qu'elle apprécie les ânes, ce qui n'est pas le cas de toutes les juments poitevines.

Celles qui « prennent du baudet » sont des pactoles. Leur fortune est faite. Elles ont la belle vie. Cocagne ! On les bichonne et on les flatte. On les aime. On les pomponne. Leurs journées sont consacrées à l'érotisme et à la maternité, un rêve… Colette Gouvion fait une curieuse et très intéressante comparaison entre l'âne, la mule, le cheval et l'abeille, bien que leurs ressemblances échappent communément aux observateurs. Elle écrit : « Les placides juments poitevines (sont affectées) au rôle de *reines* de la *ruche* ou de la fourmilière, uniquement préposées à la fonction reproductrice. »

*

Il n'est pas facile de faire un mulet. Le Poitou s'emploie d'abord à rassembler beaucoup d'ânes. Quels ânes ? On dispute sur leurs origines. Rabelais mentionne dès le XVIᵉ siècle les grands ânes du Mirebalais, près de Poitiers. Une autre école assure que l'âne du Poitou est en réalité un âne espagnol déguisé. Acheminé par la mer, en contrebande, il débarque clandestinement, par bateaux entiers, dans les ports de Vendée et de Gascogne. Sous Louis XIV, la diplomatie s'en mêle. Un accord confidentiel est signé entre les deux pays et un flux d'ânes espagnols se déverse, dit-on, sur la Vendée. Quelle que soit la vérité, le sûr est que cet âne est appelé Baudet. Ce nom lui va comme un gant. Baudet vient d'un vieux mot français, « baud », qui signifie « impudique ». Le verbe « baudouiner » signifie qu'un âne s'accouple avec une ânesse. Il est vrai que tous les ânes sont montés comme des ânes, mais celui du Poitou, qu'il soit français ou espagnol, est réputé plus lubrique encore, si la chose se peut, que tous ses congénères.

Ce sont des ânes de belle fabrique. Ils sont grands, 1,50 mètre, la cuisse longue, le dos assez droit, la croupe courte et les jarrets puissants. La tête est grosse, longue. Les oreilles superbes sont fourrées. L'encolure est brève, puissante. Les poils noirs ou bai brun sont longs et disposés en cadenette (du nom d'une coiffure militaire formée de tresses de cheveux partant du milieu du crâne et enroulées sous le bonnet). Quand on laissait pousser les poils en désordre, le baudet méritait le nom de « guenillou » ou de « bouraillou ». Cet étalon exceptionnel atteint des prix élevés, à condition que ses organes reproducteurs soient au point et que l'activité sexuelle l'intéresse. Il est alors vendu avec un « certificat d'allure ».

Ces beaux baudets ne travaillent pas. Ils n'ont qu'une idée en tête : saillir et saillir. Les éleveurs leur ménagent une existence luxueuse. Ils sont traités comme des stars, des athlètes de haut niveau, des patrimoines. Le revers de leur médaille, c'est qu'ils sont confinés toute leur vie dans un box enténébré, et aussi cloîtrés qu'un moine trappiste ou qu'une beauté de harem. Bien nourris, bichonnés, ils ne quittent le box que pour couvrir les juments. Ce n'est pas une sinécure : ils doivent assurer. En une saison, leur quota s'élève à quatre-vingts juments, ce qui suppose cinq à six saillies par jour, et ils doivent rester dispos pendant vingt-cinq ans !

Il arrive qu'un baudet rechigne. Toutes ces saillies ! Tout le temps baiser ! Y en a marre ! Le sexe est monotone. Tout le monde alors s'y colle : hommes, femmes, enfants, chiens, chats, mouches et moustiques. Des chants obscènes encouragent les ardeurs asiniennes. La jument poitevine, comme elle est plus grande que le baudet, est introduite dans une pièce spéciale, *l'ânerie*, sombre et pourvue d'une fosse afin que la femelle soit à la portée du mâle. Parfois, on préfère surélever l'âne par le moyen d'une plate-forme de fumier. La jument est entravée, la queue attachée sur le dos. Le baudet est harnaché comme un roi, sa bride est agrémentée de petites sonnailles.

Sonnailles ou non, il advient que le baudet pense à autre chose : qu'est-ce que c'est que cette « grand'jument » qui n'est même pas de la famille, comme l'ont bien vu les théologiens juifs et Darwin ? En pareil cas, l'homme agit. Il corrige la *nature* par le moyen de *l'art*. La tête du baudet est recouverte d'un capuchon. On fait venir auprès de lui une ânesse en chaleur, on asperge d'un peu d'urine asinienne une blouse qu'on agite sous le nez du baudet étalon. Celui-ci n'en revient pas. Divine surprise ! Une vraie femelle asinienne et non pas cette espèce de grand canasson un peu vulgaire, cette jument poitevine de laquelle il n'a pas envie de se servir. Le baudet se jette sur la femelle. Il va connaître l'extase mais, au dernier moment, hop ! les hommes, non sans adresse ni perfidie, glissent la jument à la place de l'ânesse. L'âne n'y comprend rien. Trop tard pour renâcler. Il s'est fait attraper comme un bleu. Il ne peut rétrograder. Il se livre à la fornication, encouragé par des grelots, des violons et des chants.

D'autres fois, la panne se produit non pas dans le baudet mais dans la jument. Ce cheval manqué qu'on lui propose la laisse froide. Elle y voit une mésalliance. Elle est vexée. Les éleveurs convoquent alors un cheval qui a pour « feuille de route » de mettre la jument d'humeur érotique. Ce cheval d'appoint est appelé « le boute-en-train ».

Dans l'industrie du cinéma pornographique, des occurrences comparables sont légion. Le plus terrible hardeur du monde, il arrive que son désir s'étiole.

Bander à perpétuité et sur commande, la barbe ! Or l'acteur pornographique doit être en condition à la minute prévue, car le maintien de toute une équipe sur le pont, avec des scripts, des habilleuses, des déshabilleuses, des maquilleuses, des cadreurs, des hardeuses, des figurantes, cela coûte les yeux de la tête. Et puis, que faire de tous ces gens en attendant que l'acteur ait retrouvé de l'envie ? Les cent pas ? Des répétitions ?

Le bon hardeur est celui qui part à la seconde près, comme dans les courses de sprint, et qui tient la route longtemps, comme dans le marathon. C'est pourquoi la production pornographique prend toujours le soin d'avoir sous la main une « hardeuse », une sorte de « chauffeuse de salle », un « leurre », qui se livre à quelques manœuvres en vue de ravigoter le hardeur, de le porter à incandescence à la minute prévue, puis cède sa place, la pauvre, exactement comme le « cheval boute-en-train » rentre à l'écurie après qu'il a réveillé les désirs de la jument.

*

Mais le cheval d'appoint, le « cheval boute-en-train », qui est conduit aux portes de la jument et du septième ciel, pour se voir soudain escamoté au profit d'un petit âne de rien du tout, le gentil cheval d'appoint, le leurre, qui dira jamais son chagrin et la cruauté de sa condition ?

Au contraire, l'âne-étalon pavoise. Il s'est élevé dans

l'échelle des êtres puisqu'il a pu aimer et féconder cet animal aristocratique, noble et de belle stature qu'est la jument même poitevine. Lui, le manant, le vilain, le domestique universel et la serpillière des civilisations, il a eu le droit de pénétrer dans le château, de monter les escaliers de marbre et de faire l'amour à la reine en présence de toute la Cour. Pour le baudet, la copulation est un formidable ascenseur social. Le bouseux est admis, par la grâce de son sexe inlassable, dans la ronde enchantée des princesses.

*

Pour peu qu'il ait l'âme ambitieuse et la cervelle subversive, le baudet se réjouit au surplus d'avoir défié le Créateur. Il a détourné le contrat originel passé entre Dieu et ses sujets puisqu'il a franchi l'indicible mais intransgressible frontière qui entoure chaque espèce, de sorte que l'âne, la plus humble créature de l'univers, celle-là qu'on frappe depuis six mille ans d'infamie et qu'on malmène, est la seule qui ait su accomplir l'impensable prouesse : piétiner la « Loi naturelle », aimer hors de sa condition. Les mauvaises langues peuvent bien l'appeler Aliboron pour le rabaisser, mais Aliboron s'en fiche et il rit dans ses poils : de toutes les créatures, il est, avec l'abeille, le colibri, le vent, le papillon et la chauve-souris, la seule qui ait osé se dresser, et avec succès, contre les règlements des dieux.

La jubilation de l'âne est cependant injustifiée. En réalité, il n'y a pas lieu de se vanter. Son triomphe est un autre leurre. Il se comporte comme ces « imbéciles heureux » dont parle Georges Brassens :

Les voilà, qui se montent le cou.
Jusqu'à penser que le crottin fait
Par leurs chevaux même en bois
Rend jaloux tout le monde.

La Fontaine, déjà, après Ésope et pressentant les analyses que Freud développera deux siècles plus tard, avait mis en garde le mulet et son père l'âne contre les tentations de la fatuité. Sans doute avait-il observé dans les campagnes de Château-Thierry que le mulet porte une révérence extrême à sa mère la jument, alors qu'il ne tient pas du tout à évoquer la figure de son père l'âne. Presque, il aurait honte de ce père asinien qui s'est permis de chevaucher sa mère. On comprend les préférences du mulet. D'un côté la jument, cette personne convoitée, luisante, dansante et aristocratique, ornée d'un pedigree interminable et juchée sur les plus hautes branches de l'arbre du vivant, et de l'autre, le père, le bourricot, son poil grisâtre et rude, sa petite taille, son trot tordu, sa vertèbre perdue qui lui colle un « complexe » depuis toujours, cet individu innommé, innommable même, sans généalogie ni ancêtres connus, et ce galop absent et cette résignation. Oui, si j'étais un mulet, je crois que je cacherais à mes camarades de stalle la nature de mon père. Je ne parlerais que de ma mère. J'aurais tort de le faire cependant et La Fontaine remet les choses au point dans « Le mulet se vantant de sa généalogie » :

Le Mulet d'un prélat se piquait de noblesse,
Et ne parlait incessamment
Que de sa Mère la Jument,
Dont il contait mainte prouesse.
Elle avait fait ceci, puis avait été là.
Son Fils prétendait pour cela
Qu'on le dût mettre dans l'Histoire.
Il eût cru s'abaisser servant un Médecin.
Étant devenu vieux, on le mit au moulin.
Son Père l'Âne alors lui revint en mémoire.

Quand le malheur ne serait bon
Qu'à mettre un sot à la raison,
Toujours serait-ce à juste cause
Qu'on le dit bon à quelque chose.

Apulée, dans son roman *L'Âne d'or*, avait déjà frôlé ces vérités. Conscient que les juments sont humiliées de se laisser couvrir par des ânes en vue de produire des mulets, le poète latin désigne le mulet comme le fruit d'une mésalliance (« *adulterium degener* »). Ainsi se développe le

« complexe de l'âne », qui se mêle à celui d'Œdipe pour lui ajouter des nuances que Freud ne semble pas avoir pressenties, à moins qu'il n'ait été lui-même effaré par les paysages tragiques que le « complexe de l'âne » déployait. Rappelons d'ailleurs que la revue du psychanalyste Jacques Lacan avait pris ce beau titre : *Le Nouvel Âne*.

Je voudrais ignorer pour l'instant les leçons de la vulgate freudienne. Si je veux pénétrer le destin douloureux, râpé et pourtant grandiose de l'âne, j'aime mieux emprunter les chemins escarpés de la métaphysique. Le mulet, partagé entre une mère fastueuse et un père de petite extraction, n'est-il pas victime du châtiment que les dieux, dans leur souci de faire obstacle au chaos du vivant, ont infligé indifféremment à l'âne et à l'abeille, ces deux animaux si contraires, si mal compatibles et si désunis en apparence dans la vie, et mêmement coupables néanmoins d'avoir transgressé la « loi fondamentale » fulminée par l'Éternel quand celui-ci édifia le monde ? L'un comme l'autre, l'abeille et l'âne, la magnifique et le misérable, la présomptueuse et le modeste, l'anarchiste et l'utopiste, la mathématicienne et le cancre, sont porteurs de la même « étoile noire » qui marque au front les révoltés, les Prométhée, les Faust, les Titans, et tous les grands solitaires qui se dressent contre les décrets de l'aveugle Providence.

Faire l'amour aux fleurs

Le matin quand revient la belle saison, les abeilles prennent l'air. Pas toutes. Les vieilles, celles qui ont dépassé les vingt et un jours. Les jeunesses restent à la maison. Elles ont l'habitude. Dès qu'elles naissent, c'est le travail sans fin : les plus petites, à peine vieilles d'un jour, font un peu de ménage, nettoient les cellules. Cinq jours plus tard, elles font encore le ménage, mais celui de toute la ruche. Elles entretiennent les rayons, colmatent les fissures avec de la propolis. Elles nourrissent les larves, la reine. Elles n'arrêtent pas. Elles n'ont pas une minute à elles. On dirait des bonnes philippines chez un émir du Qatar.

À partir du onzième jour, elles ont des responsabilités élargies. Elles continuent de nettoyer mais elles sont également tenues d'évacuer les cadavres des larves mortes et ceux des faux bourdons tombés au champ de noces, après les avoir emballés dans la propolis. L'abeille désinfecte. Elle nettoie. Elle fait les poussières. Elle purge. À vingt et un jours, c'est la « quille ». Elle file en prairie. Elle butine.

*

Marcel Proust a comparé la condition de l'écrivain et celle de l'abeille. Il dit : « L'écrivain est une étrange abeille qui tire indifféremment son miel des fleurs et des excréments. » La métaphore est belle mais, s'il est vrai que l'écrivain a besoin des excréments pour nourrir et magnifier ses textes, comme le confirment Ernst Jünger, Rabelais, Jean Genet, Georges Bataille, Jonathan Swift, Sigmund Freud, Jules Michelet et James Joyce, surtout James Joyce, l'abeille ne veut rien en connaître. L'abeille est une hygiéniste.

C'est aussi une ouvrière. Elle va à la rencontre des butineuses, retour de leurs prairies, les décharge du nectar récolté, travaille celui-ci et le dépose dans les alvéoles. Elle s'occupe aussi du pollen rapporté par les butineuses. À partir du 18e jour, et jusqu'au 21e, les abeilles remplissent les fonctions de gardienne, d'« agent de sécurité ». Postées auprès du « trou de vol », elles repèrent les pillards, bourdons, guêpes ou abeilles venus d'ailleurs. Elles vérifient les identités. Les insectes voleurs de miel sont chassés à grands coups de dard.

La jeune avelle jamais ne se repose. Ce menu personnage est un forçat. Italo Calvino dit : « La nuit, les abeilles dorment dans leurs alvéoles », mais Calvino rêve. S'il est vrai que l'abeille ne nous dit rien sur son sommeil et sur ses nuits, il semble bien que la ruche est active même dans le noir. Vingt-quatre heures sur vingt-quatre, la reine fait des jeunes abeilles. Cinq à six par minute. Il faut gérer tout ça.

L'abeille, quand elle a fini de mettre de l'ordre et d'expulser les cochonneries, n'a pas encore droit au repos. Il lui faut nourrir et lécher sans interruption la reine, le ventre immense de la reine, qui en a bien besoin puisqu'elle devra produire pendant trois ou quatre ans trois mille abeilles par jour. Il faut en outre la bourrer d'un aliment, la gelée royale, auprès de laquelle le lait de vache et même celui de l'ânesse pourtant supérieur à celui de la vache font figure de soupe pour les pauvres. Le lait d'ânesse est si riche et si équilibré qu'il était très recherché par les bourgeoises de la Belle Époque. À Paris, 26 hôpitaux possédaient des étables pleines d'ânesses pour consolider les bébés malingres. Quant à la gelée royale que confectionne l'abeille, elle contient des lipides, des glucides, des protides, de l'eau, des vitamines, des oligo-éléments, de l'acétylcholine, des antibiotiques, des acides gras essentiels, la protéine 57 kDA ou royalactine !

Les abeilles, à mesure de leur âge, changent de métier. Elles assurent aussi la ventilation du logis, maintiennent la température autour de 35 degrés en battant des ailes à des vitesses inouïes car une chaleur exagérée empêcherait le miel d'épaissir.

Ce n'est pas tout. Elles ont également pour devoir de fabriquer la cire, ce qui n'est pas une mince entreprise. Des centaines d'ouvrières âgées de douze jours, au moins, et de vingt jours au plus, mettent en action leurs glandes spécialisées dans l'art de la cire. Elles secrètent des lamelles qui durcissent au contact de l'air. Ces lamelles, préalablement enrichies de salive, permettront à l'abeille, avec la collaboration de ses compagnes, de bâtir des rayons hexagonaux, inconcevables chefs-d'œuvre dont la perfection géométrique, qu'il s'agisse des petites cellules prévues pour les ouvrières ou bien des grandes adaptées au faux bourdon, a médusé long-temps le monde scientifique. Il a fallu attendre le XVIIe siècle pour que le Niçois Jacques Philippe Maraldi, astronome et grand amoureux des étoiles, calcule l'angle des rhombes des alvéoles d'abeilles. Le choix de la forme hexagonale permet de construire un plus grand nombre d'alvéoles et se traduit par une belle économie de matériau. Bruno Corbara calcule qu'un kilo de cire suffit à fabriquer 80 000 cellules. « Ces cellules s'ouvrent de part et d'autre du rayon principal qu'elles constituent selon une inclinaison de 13 % vers le haut, de sorte que leur contenu ne puisse s'échapper. »

Comme tous les autres matériaux usinés dans la ruche, comme le miel et comme la propolis, la cire a joué un rôle dans l'histoire des sociétés, surtout dans la lutte contre l'analphabétisme. Les écoliers grecs et romains comme ceux du Moyen Âge ont appris à former leurs lettres et à prendre des notes sur des tablettes de cire. La même cire d'abeille embaume les morts égyptiens. Dans les églises, les prêtres « ne voulaient cierges que d'abeilles ». Les sceaux, qui pérennisent les décisions de justice, les contrats, les lois, les actes publics, les flux de commerce, étaient en cire.

*

Tels sont les travaux et les jours de ces hyménoptères dont Platon apprécie tellement les façons qu'il invite les hommes à les copier. Autant copier un camp de concentration. Ce couvent monumental dans lequel 60 000, 80 000 moniales sont alignées dans leurs alvéoles ou rivées à leur établi est un diorama de l'enfer, un enfer il est vrai climatisé grâce aux ailes laborieuses de ces petites créatures.

Au vingt et unième jour enfin, l'abeille reçoit généralement son bon de sortie. Elle va dans la prairie prochaine, et que fait-elle ? Elle travaille, elle travaille, c'est tout ce qu'elle sait faire. Avec ses brosses et ses poils, avec ses coussinets, ses pattes et sa langue, elle fonce sur les fleurs et entame sa journée. Elle ramasse les ingrédients qui plus tard, dans la ruche, seront usinés, mâchés, emballés et prêts à l'emploi, nectar et pollen avant tout, mais aussi ces substances légères qu'on retrouvera en doses infimes dans les produits finis de l'industrie des abeilles : du sucre et de l'eau, des matières grasses, des protéines, des sels minéraux, résines et rosée.

Dans la ruche, les chaînes de production, ravitaillées en matières premières par les vieilles abeilles, jamais ne tombent en panne. Pour manufacturer la propolis, par exemple, ce mastic perfectionné qui colmatera les fissures de la ruche et embaumera le corps des prédateurs décédés, il faut prélever dans les arbres, sur les bourgeons et les écorces, des résines, des huiles essentielles, un peu de pollen, de la poussière de bois et de la cire. L'abeille mâche tout ça, y ajoute quelques débris d'abeilles mortes et le résultat est si magnifique qu'Antonio Stradivari, dans ses ateliers de Crémone, enduisait ses violons de propolis. Les médecins l'utilisaient en guise d'antibiotique, de cicatrisant, d'anesthésiste ou d'anti-hémorragique. Dans son livre, *Les animaux ont une histoire* (Seuil, 1984), Robert Delort rapporte que les Mongols utilisaient la propolis pour vernir leurs traîneaux.

*

Pendant ce temps, les butineuses du printemps continuent leurs rondes. Elles sont aux champs. Elles plongent dans les fleurs à la quête de nectar. Elles bousculent les étamines (organe mâle). De minuscules parcelles de pollen leur tombent alors dessus comme une pluie. Ensuite, elles farfouillent dans une nouvelle fleur pour en recueillir le nectar. Ce faisant, elles déposent le pollen de la première fleur sur le stigmate (extrémité du pistil, organe femelle) de la deuxième fleur, et le tour est joué : la fécondation est faite.

Quant au nectar que les abeilles ont extrait des fleurs, elles le livrent à l'usine. Elles le confient aux jeunes qui sont demeurées dans la ruche. Une manœuvre subtile commence. L'abeille des champs introduit son nectar dans la bouche d'une abeille de la ruche. Celle-ci l'avale, le fait transiter à quelques reprises entre sa langue et son jabot, puis transmet la goutte de nectar à une troisième abeille, et le jeu, qui se prolonge un quart d'heure, fera de ce nectar, grâce à la salive et à des sucs digestifs, une goutte de miel.

Dans un très beau livre, *Une année à la campagne*, que m'a fait connaître Anna Gavalda, la romancière américaine Sue Hubbell raconte la fabrication du miel : « Le nectar des fleurs est composé à quatre-vingts pour cent ou plus d'eau, et les sucres dans le nectar sont complexes. Pour fabriquer le miel, les abeilles doivent évaporer l'eau et transformer les sucres complexes en sucres simples. Quand elles recueillent le nectar, elles l'aspirent par leur longue langue et le stockent dans un sac appelé le jabot. Lorsque celui-ci est plein, elles regagnent la ruche et transfèrent le nectar aux jeunes abeilles ouvrières, qui le répandent goutte à goutte à travers toute la ruche dans les rayons. Au cours de la collecte du nectar, du stockage dans leur corps et du transfert aux abeilles ouvrières, les abeilles ont ajouté au nectar des enzymes qui transforment les sucres complexes en sucres simples, notamment en dextrose, levulose et sucrose. L'eau dans le nectar s'évapore lentement des gouttelettes disséminées dans la ruche, mais les abeilles accélèrent le processus en battant des ailes, créant des courants d'air qui partent de l'entrée de la ruche en bas jusqu'aux trous d'aération au sommet. Par les chaudes soirées d'été, j'aime aller me promener près des ruches en lisière du bois. La nuit, les 60 000 abeilles qui peuplent chaque ruche sont rentrées chez elles. Je les entends. Toutes sont en train de battre des ailes et j'entends leur bourdonnement bien avant d'être arrivée à proximité. Les courants d'air créés par toutes ces ailes en mouvement sont si puissants que lorsque je me tiens devant les ruches, dans le noir, je sens un tourbillon autour de mes chevilles. »

*

C'est ainsi qu'advient la splendeur. « Voici le pays où coulent le lait et le miel », dit l'Éternel à Moïse qui vient de dresser son bivouac avec ses 603 550 juifs exténués par quarante années d'errance dans le Sinaï. Moïse est soulagé. Certes, l'exode a été long. Quarante ans de cailles et de manne ! Les juifs ont le cœur au bord des lèvres. Heureusement, c'est fini maintenant. L'Éternel reconnaît les siens. Il leur offre cet aliment divin, le miel, divin puisqu'il est, avec le lait (autre emblème du pays de Canaan), la seule nourriture qui sort directement de l'animal et vient nourrir l'homme, sans autre préparation, le *cru* se passant ainsi du *cuit*. « Une vomissure consommable », dit bellement Gilles Tétart.

C'est pourquoi, avant même les anthropologues structuralistes, les religions avaient reconnu les mérites du miel. « Un bienfait du ciel », dit le Coran. « Les larmes du dieu Râ », pense l'Égypte. « Une annonciation du Nirvana », estime l'Inde. Et Pythagore, qui était un diététicien fanatique, se nourrissait de miel seulement.

Alerté par la voix de l'Éternel, Moïse contemple, dans les lointains bleus, le pays du lait et du miel. Peut-être a-t-il déjà l'eau à la bouche mais Dieu reprend la parole : « Je t'ai fait voir ce pays avec tes yeux mais tu n'y entreras pas. » Moïse meurt. Il ne verra jamais Canaan. C'est Josué qui y entrera à sa place.

Comment interpréter le traitement infligé à Moïse après quarante années de cailles et de manne dans le sable et le caillou ? Dieu a-t-il voulu signifier que ce Paradis, dont le miel est l'emblème, est toujours à venir ? Comment trancher ? Dieu, parfois, on a du mal à le suivre.

L'Éternel pose une deuxième énigme, si du moins, comme le suggère la Bible, la manne qui fut livrée pendant quarante ans en même temps que les cailles était en vérité du miel. L'exode, ses déserts et ses cailles seraient-ils une préfiguration de Canaan, de l'Éden ? Drôle d'Éden.

*

L'abeille a grandi. C'est un jour de belle lumière. Le vieil insecte de vingt et un jours ne chôme pas. Il ne perd pas une minute car il doit éviter qu'une « rupture de stock » ne paralyse la ruche. Et puis, l'abeille est infime alors que la campagne est très grande. Sue Hubbell, qui possède trois cents ruches dans les collines du Missouri, a calculé que ses dix-huit millions d'abeilles, parcourant chacune trois kilomètres ou davantage en quête de nectar, « couvrent dans leurs vols deux cent cinquante mille hectares des Ozarks ».

Telle est la loi de l'abeille et qui explique que certaines abeilles préhistoriques ont eu l'idée de se regrouper. Elles ont vu juste : le grand nombre d'ouvrières et la discipline qui les régit, la division acceptée du travail, la solidarité et la convenance de tous les rouages de la ruche les uns avec les autres permettent de créer en bonnes quantités miel, cire, propolis. C'est la dissolution de l'identité de chaque abeille au profit de sa communauté qui fonde l'économie de la ruche : « Ce qui n'est point utile à l'essaim n'est point utile à l'abeille. » Cette sentence est attribuée parfois à Marc Aurèle et d'autres fois à Montesquieu.

À chacune de ses sorties, une abeille de bonne race pollinise 1 000 à 1 500 fleurs. Mais la quantité de nectar qu'elle prélève dans chaque corolle est infime. Pour produire 28 grammes de miel, l'abeille doit faire 1 500 voyages entre la ruche et la prairie, si bien qu'elle doit se précipiter de fleur en fleur et se faire aider par ses sœurs si elle veut honorer son cahier des charges. Heureusement, une ruche héberge un grand nombre d'abeilles butineuses. Un rucher, qui regroupe en général 100 ruches, arrive à polliniser chaque jour des milliards de fleurs. Il en va de même pour les missions que les jeunes abeilles remplissent à l'intérieur de la ruche : pour façonner un kilo de cire, 30 000 abeilles doivent s'affairer pendant dix jours. On estime que, pour faire un kilo de miel, les abeilles doivent parcourir une distance égale à quatre fois le tour de la terre.

*

Donc travail et donc rationalité, aussi bien pour les jeunes abeilles que pour les butineuses. Le dedans de la ruche et ses dehors sont soumis aux mêmes implacables normes. La vieille abeille, l'abeille des champs, celle qui a passé les vingt et un jours, n'est pas mieux lotie que l'abeille des ruches. Elle travaille sans fin. Elle participe à l'œuvre collective. À peine a-t-elle livré ses ingrédients, ses nectars, ses pollens, ses protéines, ses huiles essentielles, ses enzymes et ses résines qu'elle se remet en chemin. Elle n'a jamais de récréation car elle n'est qu'un élément de la vaste chaîne de la production de miel, de cire ou de propolis. Il faut penser au mécanisme d'une horloge : une roue dentée peut bien être fatiguée ou dégoûtée, elle continue de tourner car elle est entraînée par ses voisines, faute de quoi toute la machine se bloque. Dans la ruche ou dans les prés, la journée de l'abeille n'est pas la joie. « Le matin, dit Henri Michaux, quand on est une abeille, pas d'histoires. Faut aller butiner ! »

*

Et pourtant, il suffit de regarder un nuage d'abeilles dans un été de trèfles et de tendresses, dans les ramures d'un tilleul, et de prêter l'oreille à ses mélodies pour comprendre que la vie de la butineuse, en dépit de ses cadences infernales, est au rebours de sa vie dans la ruche. La vieille abeille, quand elle franchit le portail de sa ruche, le matin, troque l'exiguïté contre l'espace, les ténèbres contre la clarté, l'encombrement contre l'immensité. C'est un progrès déjà. Mais ce progrès n'est pas grand-chose. Le vrai changement est ailleurs. La vieille abeille ne se contente pas de prendre l'air et de s'enduire des couleurs de la campagne. En réalité, elle a droit à une seconde naissance. Elle s'invente. Elle change d'identité. Plus précisément, elle se découvre une identité.

Il est difficile de concevoir destin plus démembré que celui de l'abeille. Un destin de bric et de broc. Coupé en deux. Un envers et un endroit. Un enfer et un paradis. Une liberté et un esclavage. L'abeille réside à la fois à l'ouest d'Éden et à l'est d'Éden. Dans la ruche, elle n'est rien. Elle n'existe que comme le chiffre d'une série, comme le *soldat inconnu* d'une multitude. Elle est vouée à l'obéissance inerte, à l'obéissance que l'on doit non pas à un *souverain*, car la « reine » de la ruche n'a ni pouvoir ni initiative, mais à un *principe*, à un contrat incréé, ce qui est pire que la soumission à un tyran. Un *tyran* est un homme emporté sur le fleuve du temps. Il peut changer d'avis, tousser et mourir même, alors qu'un *principe* ne tousse jamais et meurt moins encore. Le principe campe sur la rive du fleuve, non dans son flux, si bien que son gouvernement, au contraire de celui du tyran, est fixe, paralysé et toujours identique.

Voilà pourquoi l'abeille de la ruche est sans désir et sans volonté, sans projets ni souvenirs. Elle n'a même pas accès au temps ou bien c'est le temps gris de l'éternité, la fin du temps. Elle habite l'absence du temps.

Pas étonnant que, le matin, l'abeille adulte, quand elle sort de la ruche avec ses petits corbillons, soit si guillerette et qu'elle danse comme une Perrette avec un pot au lait. Au premier battement du printemps, elle se revêt d'oripeaux chatoyants dont elle n'avait jamais soupçonné l'existence, quand elle vaquait dans sa pénombre : une personnalité, des goûts, des préférences, des choix, une liberté, des désirs et des initiatives. Des décisions. Des arbitrages. Des événements. Le droit au caprice. Aux pulsions. Aux amours. À la sexualité.

Elle ne se tient plus. Elle vole de couleur en couleur, de nectar en nectar, de pollen en pollen, de parfum en parfum. Elle est en joie. Elle jouit. Elle découvre qu'elle préfère le gris foncé à l'ultraviolet ou bien l'ultraviolet au gris foncé, ou plutôt le pourpre. La voici différente de toutes les autres abeilles. Fantaisiste et artiste. Espiègle. Jouisseuse. Sensuelle comme le diable.

Poétique et exaltée, l'abeille des champs n'est pas l'abeille des ruches, même si elle n'a pas migré dans un autre corps. Elle est la même et c'est une autre. Un animal inédit s'élance dans la prairie. L'abeille ne se tient plus. Elle vole de fleur en fleur. Elle choisit la fleur qu'elle aime. Elle plonge la tête dans la corolle, elle se barbouille de pollen et elle transporte des pollens vers les organes femelles d'un autre individu, de l'étamine au stigmate. Elle jouit et, jouissant, elle accomplit sans le savoir, mais je suis persuadé qu'elle le sait, la mission que le Créateur lui a assignée, quand il l'a équipée au début des choses : prolonger la grande fête de la nature, assurer la descendance des fleurs, préparer le visage des champs du lendemain, mettre en place les couleurs des prairies à venir, les couleurs qui n'existent pas encore. L'abeille est le peintre du monde mais aussi son régisseur, son tisserand et son brodeur. Elle est la couturière de cette magique tapisserie que sont nos paysages, nos vallées, nos îles et nos vergers. Elle choisit à l'avance les couleurs des forêts, des plaines et des fleurs dans lesquelles nous allons. Elle barbouille la terre du lendemain. La voici propriétaire d'un passé, d'un présent et d'un futur. Elle a forcé les portes du temps.

*

Comme toute créature vivante, l'abeille de la ruche a été créée par les dieux pour occuper une case dans les classifications de Linné. Le grand naturaliste suédois des Lumières, nomenclaturiste de génie, a su déchiffrer l'ordre immarcescible qui préside à l'incohérence apparente de la Création. Sous le chaos, l'harmonie ! Ses tigres et ses lapins, ses aiguilles de pin et ses chats, aussi différents qu'ils puissent paraître, sont en réalité les mêmes, dès lors qu'ils relèvent de la même espèce, du même genre, du même embranchement. Les animaux et les plantes de Linné campent en marge du temps. Ils résident dans une minute immobile, dans une éternité, et chaque vivant, chez Linné, se tient au large des métamorphoses que produisent l'histoire, le hasard, Buffon, Darwin et les millénaires. Le modèle inavoué que Linné a utilisé dans son effort pour mettre en rangs les cohues de la nature fut peut-être l'abeille, cet être bien rangé dans ses alvéoles, serf de ses programmes, et immuable. Le monde que nous a livré Linné est une gigantesque ruche. Une alvéole pour le tigre, une alvéole pour le thym, une autre pour le hérisson, et jamais de novation.

Le jour pourtant où l'abeille franchit le portail de la ruche, elle sort de l'organigramme dans lequel Linné l'a incarcérée. Celle qui se jette dans la diaprure des champs et qui fait l'amour aux fleurs est une abeille de Darwin, non de Linné, un « être pour le temps », non une abeille du dehors du temps…

Ce bonheur est bref. L'abeille de vingt et un jours a une petite espérance de vie. Le plus souvent, quelques jours plus tard, dans cinq, vingt jours, elle sera morte. Parfois, selon sa date de naissance, elle arrivera à traverser une ou deux saisons, mais au-delà, rien. Elle aura coloré toute la nature, réglé l'aventure des fleurs et des couleurs du monde, peint les iris et les frênes, mais elle n'aura même pas la récompense de contempler l'effet de ses amours avec la Flore. À la fin de sa vie, elle a droit enfin au paradis, mais c'est un paradis à durée déterminée. Un paradis comme un clin d'œil.

L'insecte étrange, qui déteste la mort et expulse de sa ruche tous les cadavres, quand il a passé les vingt et un jours et qu'il peut enfin pratiquer, avec le concours enthousiaste des fleurs, la sexualité, devient un « être-pour-la mort », comme le sont les hommes de Martin Heidegger. Le sexe est la mort. Éros et Thanatos consomment leurs épousailles. Si vous voyez des abeilles dans votre rêve, c'est que votre âme s'envole et que la mort est sur vous. Si l'abeille a l'idée saugrenue d'entrer dans la bouche d'un mort, ce mort ressuscite. Chez les Germains, le « chemin de l'abeille » (*Bienenweg*) désigne l'air dans lequel flottent les âmes des morts.

Dans la ruche, la mort est partout. Déjà, les abeilles mâles, les faux bourdons, qui d'ailleurs ont une sale gueule avec leurs yeux globuleux et ahuris rejetés sur le dessus de la tête, savent qu'ils attraperont le mal de la mort s'ils font l'amour à la reine et ils lui font l'amour et ils meurent. Les abeilles femelles, les ouvrières, après une vie de labeur, de devoir et de grisaille, découvrent qu'elles ont des désirs et des goûts, sont folles de joie pendant cinq jours et parfois un peu plus longtemps. Elles entrevoient le paradis comme Moïse voit scintiller le pays du lait et du miel, et Moïse meurt, et les abeilles font l'amour avec les fleurs, et elles meurent.

*

Dans la ruche, la manducation du néant. Dans les arbres et dans les prés, la fête, la mort et l'amour fou. Il faut imaginer l'abeille heureuse.

Les abeilles aux champs dormants

Il faut imaginer l'abeille heureuse ? Quelle drôle d'idée ! Et qu'est-ce que nous en savons ? Et de quel droit penser, juger et décider à la place de l'abeille ? Par quel tour de magie les hommes sauraient-ils ce qui advient dans l'abeille, dans sa cervelle, dans son ventre et dans ses pattes, alors que l'insecte ne délivre aucune information ?

Certes, on voit bien que, dans sa prairie, elle fait de douces musiques, qu'elle se pose de fleur en fleur et avec grâce, mais pourquoi ces signaux permettraient-ils de dire qu'elle a une identité et presque un ego, alors que l'abeille des ténèbres, celle de la ruche, n'aurait ni volonté, ni personnalité ? Par quel enchantement l'abeille, en quittant sa cellule, deviendrait-elle une autre et gagnerait-elle soudain un « moi », alors que, dans les rayons de son usine, le même animal demeurerait voué à un destin de robot ? De toutes ces choses, que savons-nous ? Rien !

*

« Ici peut sans doute surgir la vaste question : d'où savons-nous ce qui se passe dans l'animal et ce qui ne s'y passe pas ? Nous ne pouvons le savoir immédiatement mais nous pouvons néanmoins acquérir médiatement une certitude métaphysique sur l'être-animal », Heidegger, *Qu'est-ce qu'une chose ?*

*

Eh bien, oui ! Nous savons. Nous savons, « médiatement », des choses cachées depuis le début du monde et il a fallu de longues solitudes et des patiences pour qu'à la fin du XVIIIe siècle un savant s'aventure dans le lointain royaume. Cet homme a écarté le voile du tabernacle, jeté un œil sur les entreprises de l'insecte sublime et mis au jour des vérités que ni Platon, ni Virgile, ni le Grand Albert, ni Columelle, jamais, ne soupçonnèrent.

Cet intrépide s'appelle Christian Konrad Sprengel. Il naît en 1750, à Brandebourg-sur-la-Havel, et il meurt à Berlin en 1816. Il étudie la théologie et il devient recteur de l'université de Spandau. En 1793, il publie *Das endeckte Geheimnis der Natur im Bau und in der Befruchtung der Blumen*. Ce livre est une révolution. Il démontre que les insectes, les abeilles principalement, pollinisent, et qu'ils fécondent les fleurs.

L'Église grogne. Elle n'aime pas les révolutions. Elle préfère que les fleurs continuent à se féconder toutes seules, comme elles avaient la décence de le faire depuis Adam et Ève, sans le concours d'Éros, et sur les brisées du pauvre Onan, et ça marchait très bien ! Ce Christian Konrad Sprengel est un trouble-fête ! Qu'avait-il besoin de s'interroger sur les organes sexuels des fleurs ? Si même les abeilles ou les fleurs ont des pulsions et si elles copulent, alors quel désarroi ! Et à qui se fier ? La chasteté en prend un coup. Il faudrait croire que les fleurs, qui avaient depuis toujours le privilège de copuler avec elles-mêmes, à l'écart de toute vulgarité, de tout péché et de toute salissure, tombent soudain sous la loi commune ?

L'abeille, cette icône de la chasteté, cette Vierge impolluée, cette sainte et cette incomparable, ferait l'amour comme n'importe qui ? Et l'amour avec les fleurs, en plus ! Mais où ont-elles la tête, ces abeilles ? Et ces fleurs ? L'Église n'en croit pas ses oreilles d'Église. Et l'Église, quand elle ne croit pas, fulmine. Elle surveille et elle punit. Elle met hors la loi ce Sprengel et elle interdit les épousailles des bêtes et des plantes. Et comme le monde des savants imite l'Église, Christian Konrad Sprengel ne sera pas visité par la gloire. Encore heureux qu'en ce temps-là, et pour cause de « Lumières », on ne jette plus les philosophes dans des cachots ou sur des bûchers ! Un siècle plus tôt, Giordano Bruno a grillé pour moins que ça.

Les mécontentements de l'Église sont légitimes. Les révélations de Sprengel ont de quoi choquer. Elles nous enseignent que l'abeille ne se contente pas d'avoir des relations sexuelles, comme chacun de nous, mais encore qu'elle s'adonne à des fornications tellement insolites, tellement déplacées, que nul homme, nul animal, aussi dépravé qu'il fût, mis à part l'âne, le vent, la chauve-souris et le colibri, n'osa jamais les concevoir, les accomplir moins encore. Cette abeille est bien décevante : il ne lui suffit pas de pratiquer des amours enchantées. Il faut aussi que ces amours soient enchevêtrées. L'abeille modifie les règles fondamentales de la sexualité. Elle ébranle l'ordre des choses. Elle défie les dieux.

Elle aime à l'envers. Elle seule ou presque seule, entre tous les vivants, désire son *lointain*, non son *prochain*. Ce n'est pas aux autres abeilles qu'elle fait l'amour. Elle préfère forniquer avec des individus qui ne sont pas son genre. Elle séduit les fleurs et les fleurs la désirent. Le marquis de Sade est largué : dans les tristes nuits de sa Bastille, jamais les fureurs pornographiques du marquis n'imaginèrent pareilles facéties et de tels entrelacs. Dieu sait pourtant qu'il s'est fatigué à recenser toutes les variétés imaginables de la débauche. Dans *Les 120 journées de Sodome*, il énumère, sous la houlette de La Duclos, au

292

fond du château de Stilling, six cents perversions très ingénieuses et généralement mornes et fatigantes. Pour ma part j'ai toujours échoué à lire ce truc mais je me suis informé et on m'a dit que le marquis, s'il multiplie ses ivresses par le moyen du meurtre et de l'onanisme, de l'inceste, de la pédérastie, de l'animalité, du supplice, de la masturbation, du cannibalisme, de la merde et du crachat, n'a pas consacré le moindre paragraphe aux fornications d'un végétal avec un animal. Une telle figure excède les rêves humains mais l'abeille s'en fiche, l'abeille aime les fleurs et donc elle leur fait l'amour.

Telles sont les révélations de Christian Konrad Sprengel. La sexualité de l'abeille qui fut toujours niée par les philosophes, les savants, les prêtres, les vierges et les duègnes est en réalité exubérante et sacrilège. Elle est joyeuse et bariolée. Elle s'exonère des interdits que tous les autres animaux respectent. Elle emprunte des chemins scabreux. Non seulement la vierge abeille n'est pas vierge mais encore elle ne goûte que les amours biscornues. Elle saute par-dessus la palissade qui emprisonne chaque vivant, chaque plante ou chaque animal, dans sa petite patrie. Comme l'âne avec sa jument, elle viole l'invisible frontière qui court entre les espèces et, dans son enthousiasme, elle est encore pire que l'âne puisqu'elle bondit au-dessus d'une deuxième frontière, plus escarpée encore et mieux verrouillée, celle qui sépare les règnes. Elle célèbre des noces inouïes, entre faune et flore. Des commandements du Maître des choses, elle ne veut rien connaître.

*

« Le saut de l'animal qui *vit* à l'homme qui *dit* est aussi grand que celui de la pierre sans vie à l'être vivant », Heidegger, *Les Hymnes de Hölderlin.*

*

Il faut que coule un demi-siècle pour que la thèse de Christian Konrad Sprengel s'impose. Charles Darwin confirme que l'abeille pratique l'amour. Il relève que même les fleurs hermaphrodites, celles qui possèdent à la fois étamine (organe mâle chez les végétaux supérieurs) et pistil (organe femelle), répugnent à se féconder elles-mêmes. Elles évitent de le faire. Elles préfèrent l'aventure. Darwin les en félicite car la consanguinité n'est pas propice à l'espèce. Les fleurs trouvent plus expédient de recourir aux talents d'un tiers – le vent, la pluie, les insectes – pour se reproduire. Elles ont plus de jugeote que les humains. Elles ont compris que la nature a besoin de biodiversité et de séduction.

*

« Sois comme l'abeille, dit Ramakrishna. Épanouis-toi et laisse dévaliser ton cœur. »

*

Sprengel fait d'autres propositions encore plus émerveillées et qui attestent que l'abeille des champs, au rebours de l'abeille des ruches, est un être de désirs, un individu folâtre, muni d'une volonté, de caprices, de bonheurs fous, de goûts, d'un sens esthétique exigeant et d'un érotisme impétueux.

Il dévoile cette vérité renversante : l'abeille des champs, loin d'être asservie à une loi aveugle qui la pousserait à butiner n'importe comment, et dans n'importe quelle corolle, choisit au contraire ses partenaires avec discernement, en fonction de ses affinités, de ses pulsions, peut-être de ses souvenirs, et pour son seul plaisir. L'abeille fait la délicate. Elle a ses fleurs favorites. Elle ne pompe pas la première fleur venue (comme du reste la fleur ne se laisse pas pomper par n'importe qui). Même parmi les individus d'une même famille, d'une même variété, elle a ses préférences. C'est pourquoi, après Sprengel, il est convenable de peindre l'inconduite de l'abeille avec des mots réservés aux amours humaines. L'abeille *désire* certaines fleurs seulement. La fleur, de son côté, déploie les colifichets de la *séduction* pour encourager l'insecte à la visiter, à l'aimer.

La fleur, qui connaît son abeille sur le bout du doigt, déploie une stratégie, des atours, une panoplie de ruses et de charmes, pour se faire *désirer* des abeilles. Elle se pomponne. Double danse de séduction : l'abeille des champs fonce sur les fleurs dont les couleurs ou les parfums l'excitent, de la même façon que les fleurs, à leur tour, mobilisent tous leurs attraits car elles ont besoin d'être aimées. « Séduire pour survivre », telle est la devise des plantes à fleurs selon le grand Sprengel. Et ce programme est d'autant plus surprenant que la fleur est immobile et bien mal équipée par conséquent pour tenir le rôle de la séductrice. Allez séduire un jeune homme si vous ne pouvez pas faire semblant de vous sauver de façon que le jeune homme vous courre après ! Et pourtant, toute handicapée qu'elle soit, la fleur sait comment s'y prendre pour attirer l'abeille dans ses rets. Tel est le spectacle rare qu'elle nous propose : les noces de l'immobilité avec le mouvement. « La plante, dit Novalis qui fut très intrigué par les amours contre nature de l'abeille et des fleurs, bien qu'elle ne puisse se déplacer, capture avec sa magie les créatures qui bougent. »

*

Marcel Proust, dans les premières pages de *Sodome et Gomorrhe*, invoque les amours des hyménoptères et des fleurs pour dire la violence, l'intelligence, la beauté et les embrouillaminis des sexualités humaines. Jupien, le giletier, rencontre pour la première fois le baron de Charlus. Leur entrevue, qui va préluder à leur liaison, est décrite comme une métaphore des amours entre le bourdon et l'orchidée :

« Mais, chose plus étonnante encore, l'attitude de M. de Charlus ayant changé, celle de Jupien se mit aussitôt, comme selon les lois d'un art secret, en harmonie avec elle. Le baron, qui cherchait maintenant à dissimuler l'impression qu'il avait ressentie, mais qui, malgré son indifférence affectée, semblait ne s'éloigner qu'à regret, allait, venait, regardait dans le vague, de la façon qu'il pensait mettre le plus en valeur la beauté de ses prunelles. Or Jupien, perdant aussitôt l'air humble et bon que je lui avais toujours connu, avait – en symétrie parfaite avec le baron – redressé la tête, donnait à sa taille un port avantageux, posait avec une impertinence grotesque son poing sur la hanche, faisait saillir son derrière, prenait des poses avec la coquetterie qu'aurait pu avoir l'orchidée pour le bourdon providentiellement survenu. »

Au terme de cette longue cérémonie de séduction, Jupien se décide à partir par la porte cochère, laissant désemparé le baron qui « sifflotant d'un air fanfaron » s'élance vivement pour le rattraper. « Au même instant où M. de Charlus avait passé la porte en sifflant comme un gros bourdon, un autre, un vrai celui-là, entrait dans la cour. Qui sait si ce n'était pas celui attendu depuis si longtemps par l'orchidée, et qui venait lui apporter le pollen si rare sans lequel elle resterait vierge ? Mais je fus distrait de suivre les ébats de l'insecte, car au bout de quelques minutes, sollicitant davantage mon attention, Jupien (peut-être afin de prendre un paquet qu'il emporta plus tard et que dans l'émotion que lui avait causée l'apparition de M. de Charlus, il avait oublié, peut-être tout simplement pour une raison plus naturelle) Jupien revint, suivi par le baron. Celui-ci, décidé à brusquer les choses, demanda du feu au giletier, mais observa aussitôt : "Je vous demande du feu mais je vois que j'ai oublié mes cigares." Les lois de l'hospitalité l'emportèrent sur les règles de la coquetterie. "Entrez, on vous donnera tout ce que vous voulez", dit le giletier sur la figure de qui le dédain fit place à la joie. La porte de la boutique se referma sur eux et je ne pus plus rien entendre. J'avais perdu de vue le bourdon, je ne savais plus s'il était l'insecte qu'il fallait à l'orchidée, mais je ne doutais plus, pour un insecte très rare et une fleur captive de la possibilité miraculeuse de se conjoindre, alors que M. de Charlus (simple comparaison pour les providentiels hasards, quels qu'ils soient, et sans la moindre prétention scientifique de rapprocher certaines lois de la botanique et ce qu'on appelle parfois fort mal l'homosexualité) qui, depuis des années, ne venait dans cette maison qu'aux heures où Jupien n'y était pas, par le hasard d'une indisposition de Mme de Villeparisis avait rencontré le giletier et avec lui la bonne fortune réservée aux hommes du genre du baron par un de ces êtres qui peuvent même être, on le verra, infiniment plus jeunes que Jupien et plus beaux : l'homme prédestiné pour que ceux-ci aient leur part de volupté sur cette terre, l'homme qui n'aime que les vieux messieurs. »

*

« La nature, dit Ernst Jünger dans *Approches, drogues et ivresse*, consacre plus d'art et d'artifice à la séduction qu'à l'exaucement. Le dessin d'une aile de papillon ou le plumage de l'oiseau de Paradis l'attestent à suffisance. »

*

Voici quelques-unes des stratégies d'amour pratiquées par les fleurs. Elles sont énoncées, dans la ligne des trouvailles de Christian Konrad Sprengel, par le Centre suisse de recherche agricole (Agroscope Liebefeld-Posieux, à Berne).

Les fleurs consomment d'énormes énergies en vue d'attirer les insectes. Le sabot de Vénus (Cypripedium acaule), une orchidée abondante dans le massif des

Chartreuses, investit 18 % de sa masse sèche, l'année de sa floraison, ce qui lui permet de porter des fleurs spectaculaires et très hautes en couleurs. En revanche, l'année suivante, la plante sera plus petite et ne se donnera même pas la peine de fleurir. Elle n'a plus besoin de « se faire belle ». Elle laisse s'éteindre ses belles couleurs. À propos des couleurs, il faut se souvenir que les couleurs de l'abeille ne sont pas les nôtres. L'hyménoptère est sensible à l'ultraviolet. Il confond le vert et le jaune. Les fleurs blanches lui semblent bleu-vert, et les fleurs rouges, il les voit noires. Son blanc est un mixte d'ultraviolet, de jaune et de bleu.

Autre observation du Centre de recherche agricole suisse : les fleurs se fanent très vite après avoir été pollinisées, ce qui suggère que la corolle des fleurs sert non seulement de « piste d'atterrissage » pour les insectes mais également d'appât. De fait, si une fleur n'est pas fécondée, la corolle se maintient plus longtemps, un peu comme une vieille coquette continue de se parer en attente d'une bonne fortune. On note également que le marquage coloré des fleurs ou des anthères (partie terminale de l'étamine, organe mâle produisant et contenant le pollen) change une fois la fécondation accomplie. Le Centre de Berne cite les châtaigniers : les fleurs de châtaignier non fécondées conservent des couleurs plus attractives pour les insectes que celles qui ont été déjà fécondées. Conclusion du Centre de Berne, qui confirme le génie de Christian Konrad Sprengel : « Les plantes ne visent rien d'autre que la pollinisation par un agent étranger. Elles *séduisent* les insectes transporteurs de pollen par leurs fleurs et leur nectar. » Séduire pour survivre, telle est la devise des plantes à fleurs pollinisées par les animaux.

*

Les plantes adaptent leur maquillage aux goûts ou aux manies des différents agents qui les pollinisent. Les fleurs aimées des chauves-souris sont robustes, nocturnes, et leurs inflorescences sont grandes. Elles arborent des couleurs discrètes, blanches ou verdâtres, mais elles possèdent de grandes quantités de nectar et de pollen, l'un comme l'autre fort accessibles. Rares sont cependant les fleurs que les chauves-souris, ces mammifères maquillés en oiseaux, séduisent (0,07 % du total des fleurs seulement).

Le vent a plus de réussite : il féconde 8,3 % de toutes les fleurs, parmi lesquelles les graminées. Également les gymnospermes (épicéas, pins) qui n'ont ni corolle ni calice mais une longue étamine et un stigmate grand, pulpeux et accessible. Leur production de pollen est considérable, des millions de grains, ce qui s'explique car le vent est fantasque, costaud mais imprévu, maladroit et peu minutieux. C'est un gros gaspilleur.

Il est vrai que le vent a l'habitude de ces besognes. Jadis, il aimait féconder certaines femelles animales. En Égypte surtout. Il préférait les individus rapides, la jument et le vautour. Les Grecs connaissent aussi des femelles engrossées par le vent. Zéphyr se mêle aux Harpyes et engendre quatre chevaux remarquables : Xanthos et Bélios, qui sont la propriété d'Achille, et également Phlogéos et Harpagos, qui reviennent aux Dioscures. Dans certaines contrées, les femmes ont recours aux vents pour enfanter, aux Célèbes, en Australie, dans la Chine et au pays des Algonquins. Un des cas les plus remarquables est celui de la Vierge Marie, qui avait été prévenue par le messager de l'Éternel : « Le souffle sacré viendra sur toi. » Matthieu confirme (1,18) : Marie eut « l'enfant dans le ventre par le souffle sacré ».

Les fleurs que fréquentent les insectes (coléoptères, papillons et surtout abeilles...) sont riches en parures spectaculaires – bijoux et colifichets, des couleurs luisantes, douces ou violentes, modestes, variables selon les lumières, des formes inattendues ou aguichantes, des odeurs de désir, du nectar, peu de pollen mais collant et à haute valeur nutritive. On comprend qu'une abeille, quand elle aperçoit pareille fleur, devienne folle de désir et se jette sur elle. Le nectar est son butin et sa récompense. Et en pompant le nectar elle va ramasser du pollen qu'elle transportera vers une autre fleur pour la féconder. Mais toutes les fleurs ne se valent pas. On connaît quelques champions, tel le cerisier adulte qui est capable de porter 60 000 fleurs, ce qui lui assure 1,9 kg de nectar par jour.

Les animaux vertébrés pour leur part ne sont pas très performants : oiseaux, chauves-souris et minuscules mammifères ne pollinisent que 0,51 % des espèces de fleurs. Pourtant, ils y mettent du leur. Ils sont nombreux à se disputer les faveurs des fleurs : on compte sur la planète 2 300 sortes d'oiseaux pollinisateurs, des colibris principalement ou des souï-manga, ainsi que certains geckos.

Christian Konrad Sprengel avait bien vu que les meilleurs pollinisateurs, et de loin, sont les abeilles mellifères (apis mellifera), nos abeilles domestiques, qui déposent sur le stigmate d'une fleur le pollen prélevé sur l'étamine d'une autre fleur. Tel est le miracle de l'abeille et de la rose : pour le savant allemand, le génie de l'abeille s'exprime moins dans sa production de miel, nourriture des dieux cependant, que dans sa vocation amoureuse et dans les soins qu'elle distribue aux fleurs et aux plantes pour que l'univers perdure. « L'objectif le plus important de l'élevage des abeilles, écrit-il en 1811, n'est pas l'obtention de cire et de miel mais la fécondation des fleurs et l'obtention de récoltes abondantes. L'État doit disposer d'un cheptel d'abeilles permanent. » Ces remarques sont prophétiques. On dirait que Sprengel a prévu la mort lente des abeilles que nous essayons aujourd'hui de conjurer.

*

Christian Konrad Sprengel a étudié le vestibule de la fleur et la disposition du pollen et des glandes (les nectaires) produisant le nectar. Ses découvertes sont stupéfiantes. Il a remarqué que les couleurs, les lignes et les points qui décorent la fleur (par exemple la digitale) forment un système de signalisation optique, chargé de guider l'insecte vers les organes de la fleur qu'il convoite, vers la source du nectar. Un peu comme, sur une autoroute, des pancartes nous font savoir qu'il convient de tourner à gauche si nous voulons visiter un monastère, un panorama ou un point sublime. Il s'agit de diriger l'abeille vers le lieu des délices. De la même façon que, sur le corps d'une femme, remplissent cette fonction un collier, une bague, un cosmétique, une ceinture, la trace d'un élastique de culotte sous la jupe.

*

Voici donc Sprengel, même Sprengel, surpris en flagrant délit d'anthropomorphisme ! Comment un savant de cette force, formé au temps des Lumières, au siècle de la raison, approuvé au surplus par la communauté scientifique moderne, ose-t-il raconter que les fleurs posent dans leur corolle et leur calice des pancartes pour indiquer à l'abeille où se cachent les organes de leur plaisir, pour les mettre sur la voie ? Et qui croira que certaines fleurs déploient des formes charmeuses ou des couleurs étincelantes, en vue de faire tomber dans leur corolle les abeilles qu'elles désirent ?

Sprengel est un savant. Il a donc le droit de prêter à l'insecte des conduites habituelles aux humains ou aux animaux supérieurs. Les poètes ou les romanciers ne peuvent pas s'autoriser pareilles désinvoltures. Ils sont condamnés à la prudence, à la rigueur, au réalisme et au devoir de réserve. Ils sont timorés. Un rien les effarouche et surtout les gronderies des philosophes. Aussi se tiennent-ils à carreau. Les savants leur ont si souvent répété que l'anthropomorphisme est une faute, une très grande faute, et une facilité poétique, qu'ils ont fini par le croire et qu'ils se gardent de commettre cette abomination. Les hommes de science, eux, n'ont pas de pareils scrupules. Juchés sur une montagne de savoirs, armés de microscopes ou de télescopes, bourrés de logique et de cohérence, bardés enfin de préceptes épistémologiques, ils n'ont pas de ces timidités. Ils pataugent dans les lieux interdits, ils disent ce qu'ils voient et tant pis s'ils voient dans la fleur des conduites qui semblent d'abord réservées aux animaux, comme la séduction, la sexualité, et le goût des amours folles.

Le duo d'amour de l'abeille et de la fleur

Il arrive que les poètes s'égarent dans des provinces réservées aux professeurs. Les promenades qu'ils nous invitent à faire sont belles car elles nous mènent sur les confins de deux champs incompatibles – celui de la raison et de l'érudition, et celui de l'image et des mots. On croise généralement ces vagabonds fantastiques sur les terres allemandes. Goethe, quand il s'interroge sur le contraste naturel entre le clair et le foncé, nous ouvre, dans la *Théorie des couleurs*, des chemins que le génie de Newton n'avait pas soupçonnés. Novalis fait des études de minéralogie à la célèbre Académie de Freiberg mais il se heurte aux barrières de la science et il saute par-dessus cette barrière. «Le poète, dit-il, comprend mieux la nature que le savant.» Il propose une explication : «L'homme est lié de plus près à l'invisible qu'au visible.» Le syllogisme est bien formé :

La nature est invisible
Le poète réside dans l'invisible
Donc le poète voit la nature.

Pour les abeilles, un autre écrivain, également allemand, redouble la leçon de Novalis, Ernst Jünger, l'auteur des *Abeilles de verre*. Comme Novalis ou comme Goethe, Jünger déchiffre l'indicible en usant des outils de la poésie, de la mythologie, des sciences archaïques, des drogues, des ivresses et des songes. Avec le soutien de ces sciences incertaines, non avec celui des algèbres, il fait bruire les nuits.

Très jeune, quand il n'a pas seize ans, ce fils d'un pharmacien de Hanovre s'engage dans la Légion étrangère. Il gagne Sidi Bel Abbès. Son père traverse la Méditerranée, le gronde et le ramène à la maison, mais la guerre de 1914 éclate et Ernst Jünger la finira avec beaucoup de blessures et de décorations. La paix revenue, enjolivé par sa croix du Mérite, il publie *Orages d'acier*, qui est le plus beau et le plus répugnant des ouvrages consacrés à la guerre. Pendant les années Weimar, Jünger fera le coup de poing ou de feu dans les commandos du fascisme rouge-brun, et il écrit de nombreux articles pour vanter les mérites de l'État total dont son ami, le juriste Carl Schmitt, se fait le théoricien et dont Hitler sera bientôt l'ouvrier. Ce guerrier glacial est un « chevalier teutonique ». Son romantisme se nourrit d'héroïsme, de sociétés secrètes, de violence, d'alchimie, de fer et de feu, de sang. On jurerait qu'il attend qu'un Führer sorte de la nuit et du brouillard. Pourtant, le jour où Hitler déboule, Jünger détourne la tête. Il dédaigne. Ce type est vulgaire. Jünger emménage dans la solitude. Réfugié sur ses falaises et dans les forêts noires, il collectionne les pierres. Il écoute les années.

Ces métamorphoses sont sans explication. Le soldat frénétique a donné naissance à un ermite. Le voici chasseur de coléoptères, de papillons. Il aime les cicindèles, ces éclats de lumière dont les ailes de verre dessinent le grimoire illisible de l'univers. Quand il ne voyage pas en Malaisie ou en Amazonie, il vit en reclus, entre ses livres anciens, ses vitrines d'insectes ou de pierres. Il collectionne le temps, ou plutôt ces cadrans solaires, ces gnomons, ces sabliers et ces horloges mécaniques qui permettent de frôler « le mur du temps ».

Il traverse la vie un grand filet à la main et en courant derrière d'infimes échantillons du vivant. Il furète dans les parchemins sur lesquels des mains mortes ont calligraphié jadis les alphabets illisibles du réel, de l'inerte, du vivant et du néant. Il marche dans les neiges du Harz pour y apercevoir le grand carabe doré (35 mm de long), celui que Linné nomme le *violaceus*, qui vit aux dépens de l'abeille et se sert de sa pastille anale pour se déplacer. Les cicindèles, il les attrape dans l'île de Rhodes, à Formentor, le long du Nil et dans Pline le Jeune. Il a parcouru des sablières et des mangroves, les forêts de Tacite en Germanie et les palmeraies de Malaisie à la traque de ces animaux infimes et caparaçonnés comme les rhinocéros de Dürer, aussi somptueux que les tigres du Bengale. Si Jünger fait parfois montre de vanité, ce n'est pas d'être un des plus grands écrivains de l'Allemagne. C'est qu'il a débusqué une variété de cicindèle que nul homme, depuis le commencement du monde, n'avait avisée avant lui et à laquelle il a donné son nom, *cicindela juengen*.

Comment expliquer cette vie coupée en deux, et que, de ce soldat frénétique, soit sorti, au milieu du chemin de la vie, un homme du songe ? Je lui ai posé la question. Il était âgé et beau. C'était une fin d'après-midi. Nous traversions le boulevard Saint-Germain, à hauteur de l'Odéon. Il m'a dit que déjà dans ses années de collège, à Hanovre, il aimait mieux courir après les coléoptères qu'après les problèmes d'arithmétique. Il a plaisanté. Il a dit qu'à force de contempler les insectes, il avait peut-être copié leurs façons. « On peut parler d'une mutation, a-t-il dit. Un peu comme une larve de papillon se transforme en nymphe, en attendant que se déploient ses couleurs, son vol. » Il parlait lentement. Il cherchait les mots français et il a ajouté : « Je réside entre la larve et *l'imago.* »

Dans *Chasses subtiles*, il constate que la chasse a perdu tout attrait pour lui. « Désormais, les buffles eux-mêmes ne m'attirent plus. Un tel déclin d'ardeur ne peut guère s'expliquer par l'âge car on voit de vieux chasseurs enflammés d'une passion persistante et même, parmi eux, des ancêtres. On est bien obligé de songer à une mutation, à ce que les astrologues appellent communément "l'entrée dans une nouvelle maison". »

Certaines mutations demeurent pourtant inaccomplies. Même si le papillon a oublié la larve ou la nymphe, peut-on dire que l'imago enveloppe encore le dessin spectral de la nymphe qui la précéda ? En 1955, bien après la guerre, Jünger célèbre son anniversaire. Il retrouve ses deux vieux amis, Carl Schmitt et Martin Heidegger, qui avaient conçu avant 1933 le système théorique duquel s'inspira le nazisme. Un peu comme un membre amputé devient un « membre fantôme ».

*

Ses traques d'insectes, il les a racontées. Il consacre 400 pages à nous présenter des individus gros comme un ongle ou comme une rognure d'ongle et jamais il ne nous ennuie ! Qu'avons-nous à faire de la drypta bleue et du ptinus, du Limelyxon ou de la strangulia rouge, du Perotis vert doré d'Asie Mineure ? Et pourquoi perdre ses jours à observer ces minuscules ? Jünger se pose la question. Il y répond, dans *Le Cœur aventureux*, comme auraient sans doute répondu Novalis ou Goethe : « Lorsqu'on observe un coin du réel, comme ici les guêpes, on acquiert en même temps la connaissance d'autres objets cachés tel le chasseur à l'affût ou le guerrier aux avant-postes. »

Il ne chasse pas que les cicindèles ou les papillons. Il chasse aussi l'inerte ou l'immobile, les plantes et les pierres, mais rien n'est inerte et tout est vivant et tous les vivants communiquent et aiment. Voilà le grand motif d'Ernst Jünger : les liaisons amoureuses entre la plante et les animaux, entre le granit et les fleurs, entre les comètes et les papillons, et comment le temps se froisse et se brise, alors, et se dissipe. Jünger emprunte les passerelles innommées qui relient le royaume de l'animal et celui de la plante et celui du granit. Il rôde le long des abîmes qui enveloppent les règnes, les familles ou les espèces et il jubile s'il donne à entendre les rumeurs muettes qui sourdent à travers le mur des espèces, le mur du temps et le mur de la mort. Il dresse des cadastres propres à relier les apanages d'un insecte et ceux d'un mimosa ou d'une orchidée. Il exhume les sentiers perdus, les sentiers jamais tracés qui unissent des géographies sans ressemblance. Et au carrefour de tous ces sentiers, il rencontre la fleur, l'insecte, l'abeille.

*

« Nous sommes les abeilles de l'univers. Nous butinons éternellement le miel du visible pour l'accumuler dans la grande ruche d'or de l'invisible », Rainer Maria Rilke.

*

Jünger connaît bien l'homme qui a découvert au XVIIIe siècle l'érotisme des abeilles, Christian Konrad Sprengel. Loin de déplorer, comme les archiprêtres allemands de Hambourg, que les abeilles elles-mêmes, ces modèles de chasteté, copulent, et avec les fleurs en plus, Jünger s'en émerveille. Il y voit un des triomphes de la Création. « Si l'on souhaite se consacrer aux insectes, écrit-il, il est plus important de connaître les plantes que le reste du monde animal. Il règne ici une sympathie particulière. S'il est vrai que la seule apparition des plantes à fleurs, dans leur inépuisable multiplicité, doit être tenue pour une vigoureuse éruption de l'Éros cosmogonique, la convergence et l'identité d'organes végétaux et animaux révèlent une tendance inconcevable et insondable de la grande Nature. Aucun esprit, si subtil soit-il, ne l'imaginerait, si elle ne se manifestait à chaque lisière de champ, dans chaque buisson en fleurs. Et cependant, il a fallu bien du temps avant que fût connu le secret des abeilles. »

Ce secret, celui que découvrit Christian Konrad Sprengel, Jünger ne le dévoile pas d'abord. Il se borne à admirer que deux êtres aussi dissemblables que l'insecte et la fleur entretiennent des commerces amoureux féconds et heureux : « Cette identité d'êtres distants les uns des autres dénote l'œuvre d'une tension nuptiale, d'une étincelle jaillie par-dessus tous les obstacles, le début d'une fête d'amour qui dure encore. Il faut saisir ce principe d'un regard synoptique, et non pas dans une pensée synthétique – un matin, au sein de la solitude bruissante d'insectes, quand des myriades de fleurs s'ouvrent et se tournent vers le soleil. »

*

C'est dans un autre livre, un livre consacré aux drogues (*Approches, drogues et ivresse*), que Jünger va nous faire partager le spectacle inouï : les noces de l'abeille et de la fleur. Après avoir décrit le vin (mais aussi les drogues telles que l'opium, le haschich ou la cocaïne desquelles il fut un consommateur grand et rusé) comme « une irruption triomphale de la plante en l'homme », il en vient aux abeilles :

« De même que la plante vient assister, non seulement notre existence physique, mais notre vie spirituelle, elle a bien plus tôt déjà été utilisée par l'érotisme des animaux. Pour bien le percevoir, il nous faut, à vrai dire, reconnaître en eux des partenaires égaux à nous en dignité, et même plus forts que nous. L'un des phénomènes les plus surprenants, l'un des vrais miracles de notre planète, est le mystère des abeilles, qui est en même temps un mystère des fleurs.

« Le duo d'amour entre deux êtres que différencient à un tel point leur forme et leur degré de développement a dû s'attester, un jour, comme d'un coup de baguette magique, par d'innombrables noces. Les fleurs prennent la forme d'organes sexuels singulièrement adaptés à des créatures qui leur sont entièrement étrangères – mouches, sphinx, papillons de jour, mais aussi oiseaux-mouches et colibris. Auparavant, c'était le vent qui les fécondait. »

On voit que, pour Jünger, les amours de l'abeille et de la fleur ne sont ni une figure de rhétorique, ni une métaphore, ni une facilité poétique. Lecteur admiratif de Christian Konrad Sprengel, il voit les amours de la plante et de l'insecte comme une réalité bien établie. « De même que la plante développe des organes sexuels pour s'unir aux abeilles, elle se marie aussi avec l'homme et ce contact confère à celui-ci l'accès de mondes qui, sans eux, lui resteraient fermés. »

Nous voici loin des chastes abeilles de Virgile. Celles de Jünger, comme les fleurs du reste, aiment, désirent et jouissent.

« Ce fut l'un de ces courts-circuits qui traversèrent la chaîne des ancêtres et ses dispositifs de protection. Un Grand Passage. Dans de telles images, le voile d'Isis devient transparent. L'Éros cosmogonique fait fondre les plombs du monde de la culture. Nous ne concevrions jamais que de telles noces soient possibles, si nous ne le sentions confirmé chaque fois que nous traversons un pré au printemps, une pente fleurie. Il fallut pourtant attendre notre époque pour qu'un homme résolût cette énigme. Un directeur d'école, Christian Konrad Sprengel, *Les Mystères de la nature dévoilés* (1793). Ce que nous qualifions de mystères n'est, il est vrai, que manifestations ; nous nous rapprochons d'eux parmi les bruissements qui bourdonnent comme l'écho d'une cloche autour du tilleul en fleur. »

Jünger encore : « Un jour, les abeilles ont découvert les fleurs et les ont façonnées selon leur tendresse. Depuis lors, la beauté a pris plus de place dans le monde. »

*

Rendant compte dans *Libération* du beau film de Markus Imhoof, *Des abeilles et des hommes*, Laure Noualhat écrit : « Dans les plantes monocultivées de Californie, des dizaines de milliers d'ouvrières font l'amour sans relâche aux fleurs blanches des amandiers. »

*

Jünger n'a pas parlé de l'âne. J'ai tenté de le faire, avec le soutien d'un autre poète qui est Francis Jammes. C'est ici, il me semble, au terme de cette espèce de fable, que des parentages inattendus s'avèrent entre le petit cheval raté, magnifique, poussiéreux, modeste, orgueilleux et intelligent, et le somptueux hyménoptère. Curieuses farces de la nature que ces deux animaux sans ressemblance : l'abeille, l'insecte chaste et dédaigneux des salissures de la copulation d'une part et de l'autre le quadrupède intraitable, toujours augmenté de son sexe immense et obscène. L'un comme l'autre, et tout dissemblables qu'ils soient, se faufilent entre les mailles des lois édictées par les dieux : l'âne est moins audacieux que l'abeille puisque, tant qu'à défier l'ordre des choses, il se contente d'aimer, avec ardeur il est vrai, un individu qui appartient à sa famille (celle des équidés) mais pas à son espèce (*equus asinus*). Au contraire, l'abeille, si conformiste et tellement vertueuse, conduit des entreprises plus risquées. Quand il s'agit d'aimer, de jouir, de procréer, elle est folle. Ce n'est même pas dans le règne des animaux qu'elle puise ses proies mais dans celui des plantes. Le grand écart est absolu. Le défi porté à la loi naturelle est vertigineux et ce défi est récompensé. L'abeille, par la passion érotique qu'elle porte aux fleurs, est en charge du renouvellement de la vie dans nos prairies, en charge de la beauté toujours recommencée de l'éphémère, en charge de nos champs, de nos vergers, de l'abondance de nos greniers, des couleurs, sans fin, de nos bonheurs.

Enchanter les choses

Les savants, aussi ! Ils forment une peuplade méritante mais on peine, certains matins, à accompagner leurs audaces. Ils sont fous, ces savants ! Eux qui s'avancent dans la forêt impénétrable avec un équipement perfectionné, avec de la rationalité, des syllogismes, des tiers exclus et des algorithmes, et qui multiplient les sûretés et les précautions, par quel tour de bâton ratent-ils si souvent leur cible ? Ils s'égarent à perpétuité. L'existence d'une « histoire des sciences » en témoigne. Si la science ne faisait pas de bourdes, elle n'aurait point d'histoire. L'histoire des sciences n'est que l'anthologie de ses bévues, de ses impasses, de ses contradictions et rectifications. « La science, dit Aristote, est condamnée à aller d'étonnement en étonnement. » Ces étonnements sont comme des « pas japonais » sur lesquels les professeurs posent leurs pieds d'aveugle pour traverser le jardin infini. Au fil des siècles, la science a composé un gigantesque puzzle dont toutes les pièces sont mal découpées et qui, cependant, ajustées à tâtons les unes avec les autres, usées et corrigées par les siècles, finissent par aviser les ombres du réel.

Dans la pyramide d'âneries que constitue l'histoire des sciences, l'abeille occupe une place de choix. Elle a écrit et elle continue d'écrire un des chapitres les plus savoureux du roman fantastique de la science. Rares sont les animaux qui furent aussi passionnément que l'abeille lorgnés par les académies. Elle est placée sur écoute depuis six mille ans par les naturalistes, les philosophes, les sociologues, les mathématiciens, les médecins, les généticiens, les chimistes, les urbanistes, etc., mais personne ne l'a jamais rattrapée. Elle a semé avec grâce les hordes de chasseurs lancés sur ses traces. Comme un cerf traqué sous les halliers de Chambord, elle a multiplié les zigzags, les fausses pistes et les bifurcations. Elle a peint le long des sentiers des leurres chargés de diriger les équipages avec leurs fanfares, leurs cors de chasse, leurs piqueurs et leurs petits chapeaux vers des voies sans issue. Elle a fait mine d'être ici quand elle était à deux pas de là, planquée dans un fourré impénétrable, un peu comme les enfants, quand ils jouent à cache-cache, jettent un caillou au loin pour faire croire qu'ils sont ailleurs alors qu'ils sont en train de rigoler en voyant passer sous leur nez leurs poursuivants ahuris.

Des bévues que la science a déposées sur l'abeille, nous avons recensé quelques exemples : nous avons noté que l'abeille naît d'abord de la chasteté des fleurs, puis des larmes des dieux, pour ensuite préférer l'horreur des charognes de bœuf. La « bougonie », cette naissance des abeilles dans le sang pourri des génisses mortes, est une des inventions les plus saugrenues de l'entomologie et elle fut parole d'évangile et de science jusqu'à la Renaissance. Deuxième bévue : dans la colonie ou dans la ruche, c'est un roi qui occupa d'abord le trône pour ensuite céder sa place à une reine au XVIIe siècle. Et pour finir, quand le sang pourri des génisses est placé hors jeu, on s'est mis à nous raconter que les fleurs, pour se reproduire et se faire belles, se livrent à des amours onanistes avec elles-mêmes. Quelques siècles passent encore et un savant des Lumières, le grand Christian Konrad Sprengel, découvre enfin, sous les quolibets des prêtres et des doctes, que l'abeille, pendant les jours de fête qui lui sont alloués à la fin de sa vie, fait l'amour avec les fleurs.

Max Weber disait : « La science a pour mission de *désenchanter* le monde. » Triste ambition ! On peut céder à une envie contraire, celle d'*enchanter* le monde, de le contempler en l'admirant, de ne pas mettre ses gros doigts dans les ressorts et les rouages dérobés, de ne pas en forcer les fragilités, d'en mesurer à peine l'étrange étrangeté, le génie, la convenance, et de s'extasier.

On se promène par les champs et par les grèves. On assiste à des ballets d'insectes, la terre est emplie d'échos et ces murmures viennent on ne sait d'où. Dans le ciel passent des figures et des fumées. Des abeilles choisissent une marguerite et prennent un bain de couleur pendant qu'une orchidée tatoue sur sa corolle des signes de piste en direction de ses ovaires pour plaire à son prochain amant. Pourquoi s'obliger à comprendre ? Pourquoi la science et pourquoi Columelle, Latini ou Évhémère ?

Mais la science est pleine de ressources : à force de se gourer et de battre la campagne où bourdonnent les abeilles, où trottent les ânes, les savants acquièrent légitimité et utilité. Au contraire de ce que souhaite Weber, et par le moyen de leurs bourdes et de leurs fausses pistes, ils *enchantent* le monde. Ils lui ajoutent du secret. De l'incompréhensible. Du désordre et de l'irrationnel. Ils le peuplent de terrains vagues, d'anomalies, de fantômes et d'apparitions. Sous prétexte d'en éclairer les noirs, ils en augmentent les ténèbres. Dieu merci, l'abeille est bien moins explicable après que Sprengel a mis au jour son érotisme, après que Max Frisch nous a appris qu'elle parle en dansant.

Max Weber a poussé une mauvaise porte et sa formule doit être remise à l'endroit. La science n'a pas vocation à *désenchanter* le monde. La science, grâce aux erreurs qui jalonnent son parcours et à l'édifice majestueux qu'elle bâtit en combinant des poutres inexistantes, tordues ou mal équarries, a pour fonction d'*enchanter* les choses, au contraire. Elle ajoute à ces choses des paysages irréels. Elle est plus baroque, plus inventive et plus audacieuse que le plus inspiré des artistes.

Aucun poète, même les baroques ou les surréalistes, n'aurait assez d'imagination ou d'aplomb pour décréter que les abeilles naissent en frôlant la corolle des fleurs. Le ferait-il, on l'arrêterait illico presto. On décréterait qu'il est fou et il serait dirigé vers les petites maisons. Les savants ont plus de chance que les poètes : ils ont le droit et presque le devoir de proposer des idées rocambolesques, et on les décore à proportion de leurs rêves. Le grand savant Albert Einstein n'a-t-il pas prophétisé, un jour de délire, que si les abeilles disparaissaient, la vie s'éteindrait à la surface du globe quatre ans plus tard ? Quatre ans ! Pas six ans ?

Depuis six mille ans qu'il y a des savants qui rêvent, ils obéissent à la leçon qu'Arthur Rimbaud nous a un jour distribuée : « Je m'habituais à l'hallucination simple : je voyais très franchement une mosquée à la place d'une usine, une école de tambours faite par les anges, un salon au fond d'un lac. »

Voilà pourquoi ce n'est point jeter ses heures aux moineaux que d'accompagner l'histoire des sciences et de butiner dans ses folles avoines. Les inexactitudes proférées par les savants, Dieu merci, jamais ne s'effacent. Elles stagnent.

Elles défient les siècles. Elles persistent. Elles embellissent nos saisons. Rien ne s'oublie et tout est contemporain. « Tout est à présent, comprends-tu ? dit William Faulkner. Hier ne finira que demain et demain a commencé il y a dix mille ans. » Le passé est ma demeure et la demeure du lendemain. Les Marocains, quand ils ont l'esprit ailleurs, on leur demande s'ils « sont à Grenade », nous dit Vincent Jacq, et dans les maisons patriciennes de Fès, on garde encore aujourd'hui les clefs de la maison qu'on avait bâtie jadis en Andalousie.

Les anciennes croyances, celles que proféraient Aristote ou Brunetto Latini ou Virgile ou Columelle, sont comme les maisons mortes et vives toujours de l'Andalousie. Elles s'obstinent à colorier encore l'idée que les hommes se font des abeilles. Elles sont caduques et elles perdurent. Elles peinturent les jardins, les ciels, les forêts et les abeilles, bien après que les anciennes erreurs ont été remplacées par de jeunes erreurs.

Rien ne se perd. Les absurdités ne s'effacent point, Dieu soit loué ! Elles franchissent les temps. Une abeille de l'année 2013, même si elle naît des amours de sa reine avec des faux bourdons, s'obstine à naître également comme elle le faisait jadis des pleurs de Jésus, de la caresse des fleurs ou bien des entrailles d'une génisse ensevelie. Et elle accomplit l'exploit d'être tout ensemble chaste, vierge, puritaine, luxurieuse, effrontée comme un diable et comme un ange.

La science est un grand poète. Même Victor Hugo ou même Mandelstam seraient bien empêchés si on attendait qu'ils imaginent des ciels aussi absurdes, aussi délirants, que ceux inventés par les savants de la Grèce ou ceux de la Renaissance. Et aucun peintre ne fut jamais capable d'inventer que les fleurs décorent et barbouillent leur corolle de dessins, de notices, de croquis, de modes d'emploi grâce auxquels l'abeille peut plonger tout droit vers leurs organes sexuels et leur offrir le cinquième ciel? Seul, un calculateur peut se risquer sur des sentiers aussi escarpés et dire d'aussi belles sottises. Même Pindare et même René Char n'arriveraient pas à savoir que les abeilles naissent, selon les moments, des pleurs de Jésus-Christ, de la beauté des fleurs ou de la pourriture des bœufs.

*

Sue Hubbell est une savante. Elle est biologiste. Un jour, elle quitte ses laboratoires et décide d'élever des abeilles dans les montagnes des Ozarks. Douze ans passent. Elle parle avec un autre apiculteur qui lui pose une question sur les abeilles. « Je répliquai que je n'en savais trop rien. Il secoua la tête : "C'est magique, affirmait-il, tout simplement magique." Et nous tombâmes d'accord sur ce point : "Plus longtemps on élevait des abeilles, moins on les comprenait." »

*

Plus la science démonte la mécanique des choses et plus elle en dissimule les ressorts et les clapets. Plus elle éclaire les ombres et mieux elle épaissit les noirs. Mon Dieu, faites que nous ayons toujours quelques savants à nous mettre sous la dent pour préserver les énigmes, la poésie et les belles complications de l'univers ! L'abeille est bien plus incompréhensible et donc délectable après que Sprengel ou Frisch ont décrypté ses coutumes, ses tactiques, ses langages, ses mécanismes. Grâce aux savants, l'univers est devenu un vaste canevas de signes incompatibles et dont toutes les perspectives sont inexactes. Chaque fois qu'est tranché un nœud gordien, un nouvel embrouillamini de cordes, jusqu'ici inaperçu, et plus déroutant que le précédent, déploie ses anneaux. Les brins de la tresse infinie se chevauchent et se contredisent, s'étranglent eux-mêmes. De l'autre côté du rideau, l'univers bouge. La nuit remue. Le roi fait des signes. Il nous invite à pénétrer dans la forêt à mystères. Le voile s'entrouvre un instant et l'ombre étincelle. La salle est pleine de belles images. Des couleurs passent. Du fond des grottes montent des murmures. Montent des silences et les douceurs du silence.

PRIÈRE POUR ALLER
AU PARADIS AVEC LES ÂNES

Lorsqu'il faudra aller vers vous, ô mon Dieu, faites
que ce soit par un jour où la campagne en fête
poudroiera. Je désire, ainsi que je fis ici-bas,
choisir un chemin pour aller, comme il me plaira,
au Paradis, où sont en plein jour les étoiles.
Je prendrai mon bâton et sur la grande route
j'irai, et je dirai aux ânes, mes amis :
Je suis Francis Jammes et je vais au Paradis,
car il n'y a pas d'enfer au pays du Bon Dieu.
Je leur dirai : Venez, doux amis du ciel bleu,
pauvres bêtes chéries qui, d'un brusque mouvement
d'oreilles,
chassez les mouches plates, les coups et les abeilles.
Que je Vous apparaisse au milieu de ces bêtes
que j'aime tant parce qu'elles baissent la tête
doucement, et s'arrêtent en joignant leurs petits pieds
d'une façon bien douce et qui vous fait pitié.
J'arriverai suivi de leurs milliers d'oreilles,
suivi de ceux qui portent au flanc des corbeilles,
de ceux traînant des voitures de saltimbanques
ou des voitures de plumeaux et de fer-blanc,
de ceux qui ont au dos des bidons bossués,
des ânesses pleines comme des outres, aux pas cassés,

de ceux à qui l'on met de petits pantalons
à cause des plaies bleues et suintantes que font
les mouches entêtées qui s'y groupent en ronds.
Mon Dieu, faites qu'avec ces ânes je Vous vienne.
Faites que, dans la paix, des anges nous conduisent
vers des ruisseaux touffus où tremblent des cerises
lisses comme la chair qui rit des jeunes filles,
et faites que, penché dans ce séjour des âmes,
sur vos divines eaux, je sois pareil aux ânes
qui mireront leur humble et douce pauvreté
à la limpidité de l'amour éternel.

Francis Jammes

Table

DU MÊME AUTEUR

Aux Éditions Albin Michel

UTOPIE ET CIVILISATIONS, Flammarion, 1977, prix Femina essai ; rééd. Albin Michel, 1991.

LES FOLIES KŒNIGSMARK, 1989, Goncourt du récit historique.

L'INCENDIE DE COPENHAGUE, 1995, prix Cazes, prix Roger-Caillois.

LE BRUIT DE LA NEIGE, 1996, Grand Prix de l'essai de la Société des Gens de Lettres.

LA MISSION DES FRONTIÈRES, 2002, prix Joseph-Kessel.

EN ÉTRANGE PAYS, 2003, prix Maurice-Genevoix.

LE BOIS DES AMOUREUX, 2006, prix Printemps du roman.

L'ENCRE DU VOYAGEUR, 2007, prix Femina essai.

LA LÉGENDE DE LA GÉOGRAPHIE, 2009, prix Edme-François-Jomard de la Société des Gens de Lettres, prix Encre-Marine.

Chez d'autres éditeurs

ANARCHISTES D'ESPAGNE, en collaboration avec Jean Bécarud, Balland, 1970.

LES PIRATES, Balland, 1969 ; rééd. Phébus, 1987.

MICHEL-ANGE, Screpel, 1970.

LA RÉVOLUTION SANS MODÈLE, en collaboration avec François Châtelet et Olivier Revault d'Allonnes, Mouton, 1975.

ÉQUINOXIALES, Flammarion, 1977, rééd. Pierre-Guillaume de Roux, 2012.

UN SOLDAT EN DÉROUTE, Casterman, 1963, rééd. Gallimard, 1981, rééd. Pierre-Guillaume de Roux, 2012.

LE SINGE DE LA MONTRE, Flammarion, 1982.

LA BATAILLE DE WAGRAM, Flammarion, 1986, prix des Deux-Magots, prix Louis-Guilloux.

BESOIN DE MIRAGES, Le Seuil, 1999.

PIRATES, BOUCANIERS, FLIBUSTIERS, Le Chêne, 2002.

DICTIONNAIRE AMOUREUX DU BRÉSIL, Plon, 2011.

LA MAISON DES LETTRES, Conversations avec Christophe Mercier, Phébus, 2009.

AU REVOIR L'AMAZONIE (publié sur Internet, au Brésil).

LE FLÂNEUR DE L'AUTRE RIVE, Bruxelles, André Versaille, 2012.

Gilles Lapouge a reçu le prix Pierre-de-Monaco 1990,
le Grand Prix de Littérature
de la Société des Gens de Lettres 2006,
et le Grand Prix Henri-Gal, de l'Académie française, 2002.

Composition IGS-CP
Impression CPI Bussière en août 2014
à Saint-Amand-Montrond (Cher)
Éditions Albin Michel
22, rue Huyghens, 75014 Paris
www.albin-michel.fr

ISBN : 978-2-226-25439-9
N° d'édition : 19100/05. – N° d'impression : 2011751.
Dépôt légal : février 2014.
Imprimé en France.